中国石油国际业务要览

2022

中国石油天然气集团有限公司 编

石油工业出版社

图书在版编目（CIP）数据

中国石油国际业务要览.2022 / 中国石油天然气集团有限公司编.-- 北京：石油工业出版社，2024.8.
ISBN 978-7-5183-6854-9

Ⅰ.F426.22

中国国家版本馆CIP数据核字第20247KX954号

中国石油国际业务要览2022

出版发行：石油工业出版社
　　　　　（北京安定门外安华里2区1号　100011）
　　　　　网　　址：www.petropub.com
　　　　　图书营销中心：（010）64523731
　　　　　编 辑 部：（010）64523623　64523586
经　　销：全国新华书店
印　　刷：北京中石油彩色印刷有限责任公司

2024年8月第1版　2024年8月第1次印刷
710×1000毫米　开本：1/16　印张：7.25　插页：2
字数：140千字

定价：20.00元
（如出现印装质量问题，请与图书营销中心联系）
版权所有　翻印必究

编 辑 说 明

一、《中国石油国际业务要览2022》（简称《要览》）记述中国石油天然气集团有限公司2022年国际业务情况以及海外企业概况，向广大读者展示中国石油天然气集团有限公司努力实现有质量、有效益、可持续发展，为建设基业长青的世界一流综合性国际能源公司所做出的努力和取得的成就。

二、本册《要览》内容分为总述和海外企业概览两个部分。

三、本册《要览》所引用的数据和资料时间从2022年1月1日至2022年12月31日，个别内容略有延伸。除特别指明者外，一般指中国石油天然气集团有限公司统计数据。

四、为行文简洁，《要览》中的机构名称一般在首次出现时用全称加括注简称，之后出现时用简称。中国石油天然气集团有限公司简称"集团公司"，中国石油天然气股份有限公司简称"股份公司"，两者统称"中国石油"。

五、本册《要览》资料翔实、叙述简洁、数据准确，为石油员工以及广大读者了解中国石油天然气集团有限公司年度发展情况提供帮助。

六、希望读者多提供宝贵意见和建议，以便今后能更好地精选内容，为读者服务。

《中国石油天然气集团有限公司年鉴》编辑部

2024年6月

2022年2月3日，中国石油天然气集团有限公司与俄罗斯天然气工业股份公司签署中俄远东天然气购销协议，这是继2019年12月中俄东线天然气管道投产供气后，双方在管道天然气贸易方面取得的又一重要合作成果。2月4日，中国石油天然气集团有限公司与俄罗斯石油股份公司签署保障中国西部炼厂供油的原油购销合同补充协议。上述合作文件的签署，将进一步夯实中国东北和西北能源通道，为深化中俄油气领域长期合作筑牢根基

（杨碧泓　常正乐　摄）

2022年3月16日，国际事业公司向香港供应首船生物航空煤油［泓通海运（香港）公司　提供］

2022年4月30日，由巴西国家石油公司主导，中国石油巴西公司参与的里贝拉项目梅罗油田第一生产单元 Guanabara 号 FPSO（海上浮式生产储油船）投产，标志着该油田进入快速上产新阶段，成为中国石油巴西深海油气合作区建设重要里程碑（巴西公司 提供）

2022年4月，中国石油工程建设有限公司中东地区公司承建的伊拉克哈法亚油田地面建设 EPCC 工程（三期）、上海寰球工程有限公司与中工国际联合体执行的乌兹别克斯坦纳沃伊 PVC、烧碱、甲醇生产综合体项目获"2020—2021 年度中国建筑工程鲁班奖（境外工程）"。图为建成投产后的 CPF3 装置伊拉克哈法亚三期 CPF3 油处理区全貌（安亮 摄）

2022年6月18日,中国石油阿姆河天然气勘探开发(北京)有限公司巴格德雷合同区B区西部气田投产仪式在土库曼斯坦列巴普州加迪恩集气总站举行(张鑫 提供)

2022年10月25日,中国石油国际事业公司LNG运输项目首制船命名及交付仪式在上海举行。国际事业公司与上海中远海运LNG和中远海运石油签署期租合同下的船舶交接议定书,标志着中国石油首批3艘自有LNG船队首制船"少林"号正式交付使用(国际事业公司 提供)

2022年11月13日（莫桑比克首都马普托当地时间），中国石油参与的莫桑比克4区项目首批开发的科洛尔浮式液化天然气(LNG)项目实现首船LNG发运，标志着这个世界级超深海浮式LNG项目实现全产业链运营。这是非洲东部海上外销的首船LNG，莫桑比克由此正式进入LNG出口国行列（中油国际公司　提供）

2022年12月7日，位于哈萨克斯坦的中国石油海外自营加油站首家汽车穿梭餐厅开业（李振东　提供）

目　　录

第一部分　总　述

海外油气业务

概述 …………………………………… 2
海外油气勘探 ………………………… 3
海外油气开发生产 …………………… 3
海外重点工程建设 …………………… 3
海外管道运营及炼油化工 …………… 3
海外项目开发、转让及新能源业务 … 4
海外经营管理 ………………………… 4
企业改革 ……………………………… 5
科技与数字信息化 …………………… 6
QHSE 管理 …………………………… 6
依法合规治企 ………………………… 7
企业文化建设 ………………………… 7

国内油气勘探开发国际合作

概述 …………………………………… 8
原油项目运作 ………………………… 8
天然气项目运作 ……………………… 10
煤层气项目运作 ……………………… 12
人员培训 ……………………………… 13

国际贸易

概述 …………………………………… 13
原油业务 ……………………………… 13
天然气业务 …………………………… 14
成品油业务 …………………………… 14
化工品业务 …………………………… 14
海运业务 ……………………………… 14
全球油气运营中心建设 ……………… 14
风控体系建设 ………………………… 14
信息支撑体系建设 …………………… 15
财务管理体系建设 …………………… 15
法律支持体系建设 …………………… 15
国际化人才队伍建设 ………………… 15
HSE 管理 ……………………………… 15
船队建设取得历史性突破 …………… 15

国际合作与外事工作

概述 …………………………………… 16
"一带一路"油气合作 ……………… 16
配合国家能源外交活动 ……………… 17

外事外联与对外合作交流……… 18	外事队伍建设……………… 21
国际业务管理………………… 19	第一届金砖国家能源合作论坛…… 21
国际业务社会安全管理………… 19	第五届中国石油国际合作论坛
境外员工健康管理…………… 20	暨签约仪式…………… 21
出国（境）管理与服务………… 20	第四届中俄能源商务论坛……… 22

第二部分　海外企业概览

中油国际管道公司

概况………………………… 24	油气开发…………………… 30
海外体制机制………………… 24	天然气生产与保供……………… 31
合规治企…………………… 24	发展战略与规划计划…………… 31
管道运行…………………… 25	地面工程建设………………… 32
提质增效…………………… 25	钻井与完井工程……………… 32
重点工程建设………………… 26	新项目开发…………………… 32
新项目前期…………………… 26	经营管理…………………… 33
QHSSE 建设………………… 26	新冠肺炎疫情防控……………… 33
人才强企…………………… 27	QHSSE 管理………………… 33
科技创新…………………… 27	合规管理及风险防控…………… 34
经营管理…………………… 27	人才强企…………………… 34
企业文化建设………………… 28	数字化建设………………… 35
党建工作…………………… 28	扩大在资源国的交流…………… 35
科学防疫…………………… 29	在土企业协同发展……………… 35

中石油阿姆河天然气勘探开发（北京）有限公司

中国石油俄罗斯公司

概况………………………… 29	概况………………………… 36
油气勘探…………………… 30	勘探开发…………………… 37
	工程建设…………………… 38
	销售海运…………………… 38

项目融资 ……………………… 39
股东事务 ……………………… 39
企业管理 ……………………… 39
管理创新 ……………………… 40
新能源规划编制 ……………… 40
提质增效 ……………………… 40
QHSSE 与疫情防控 …………… 40
企业文化建设 ………………… 41

中国石油（伊拉克）鲁迈拉公司

概况 …………………………… 41
油田开发 ……………………… 42
工程建设 ……………………… 43
交割重组 ……………………… 43
经营管理 ……………………… 44
提质增效 ……………………… 44
QHSSE 管理 …………………… 45
队伍建设 ……………………… 46
企业文化 ……………………… 47
社会责任 ……………………… 47

中国石油（伊拉克）哈法亚公司

概况 …………………………… 48
经营运作 ……………………… 49
油田开发 ……………………… 49
地面建设 ……………………… 49
精细管理 ……………………… 50
安保防疫 ……………………… 50
2022 年度哈法亚重大事件 …… 50

中国石油（哈萨克斯坦）阿克纠宾公司

概况 …………………………… 51
油气勘探 ……………………… 52
油气田开发 …………………… 53
北特鲁瓦油田综合治理先导性试验
　取得初步成效 ……………… 54
石油合同延期 ………………… 55
中哈油气合作暨阿克纠宾公司
　成立 25 周年 ………………… 55
阿克纠宾州乒乓球运动中心投用 … 56

中国石油乍得公司

概况 …………………………… 56
油气勘探 ……………………… 57
开发生产 ……………………… 58
重点工程 ……………………… 58
管道运营及炼油化工 ………… 59
提质增效 ……………………… 59
企业经营管理 ………………… 60
HSSE 管理 ……………………… 60
履行社会责任 ………………… 60
疫情防控 ……………………… 61
党建与思想政治建设 ………… 61

中国石油尼日尔公司

概况 …………………………… 62
油气勘探 ……………………… 63

油气开发生产	64	投资效益	73
炼厂项目生产经营	64	提油情况	73
尼贝管道项目工程建设	64	服务保障业务	73
一期管道生产运行	65	油气生产	74
提质增效	65	重点产能项目	74
QHSSE 管理	65	油气田开发	74
社会安全与风险防控	65	市场开发	75
人才强企	65	服务保障业务	75
合规管理及风险防控	66	体制机制优化调整	75
股东事务管理	66	商务运作	76
数字化气田建设和科技创新	67	新项目开发	76
地面建设管理	67	绿色低碳	76
党建和思想政治建设工作	68	安全管理	77
企业文化建设	68	区域协调	77
社会责任	69	一体化优势发挥	77
		合规管理	78
		跨文化融合传播	78

中国石油加拿大公司

概况	69	伊拉克国别研究及社会责任报告发布	78
机构改革	70	人才强企工程	79
HSE 管理	70	青年团员工作	79
麦凯河油砂项目	70	接受中国驻阿联酋使馆领导	79
激流管道项目	70	中阿政企对接	79
都沃内项目	70	企业党建工作	80
白桦地项目	71		
LNG 项目	71		
中加公司项目剥离	71	**中国石油中亚俄罗斯公司**	
资源优化	71		

中国石油中东公司

概况	72	概况	81
		发展战略	81
		企业改革	82

企业文化建设……………………… 82	科技创新………………………… 93
油气勘探…………………………… 82	人才强企工程…………………… 93
油气开发生产……………………… 83	体制机制优化调整……………… 93
新项目开发与石油合同延期……… 83	企业文化建设…………………… 94
天然气保供………………………… 83	社会责任………………………… 94
经营管理…………………………… 83	企业党建工作…………………… 94
一体化发展………………………… 83	
公共关系…………………………… 84	**中国石油西非公司**
对外宣传与品牌建设……………… 84	概况……………………………… 95
社会责任…………………………… 84	建章立制………………………… 95
安全环保…………………………… 84	新冠肺炎疫情防控……………… 95
风险防控…………………………… 85	医疗保障………………………… 96
	安全运营………………………… 96
中国石油尼罗河公司	社会安全………………………… 96
概况………………………………… 86	外事外联………………………… 96
经营管理…………………………… 86	商务法律………………………… 97
QHSE 管理………………………… 87	理论学习………………………… 97
支持服务…………………………… 87	组织建设………………………… 97
党建及企业文化建设……………… 88	组织人事………………………… 97
公益捐赠及社会责任……………… 89	新闻宣传………………………… 98
	企业文化………………………… 98
中国石油拉美公司	社会责任………………………… 98
概况………………………………… 90	纪检监察………………………… 98
勘探开发…………………………… 91	
油气开发生产……………………… 91	**中国石油亚太（香港）公司**
工程建设…………………………… 91	概况……………………………… 99
经营管理…………………………… 91	区域协调………………………… 100
提质增效…………………………… 92	发展战略………………………… 100
市场开发…………………………… 92	商务工作………………………… 101
QHSE 管理………………………… 92	HSSE 管理……………………… 101

公共关系……………………	101	企业文化建设…………………	103
资本市场工作…………………	103	企业党建工作…………………	104

第一部分

总　述

海外油气业务

【概述】 1984年8月，石油工业部成立中国石油天然气勘探开发公司，是具有对外合作经营权的经营实体企业。1993年，中国石油天然气总公司执行中共中央、国务院"利用两种资源、两个市场"战略方针，坚持走出国门实施国际化经营，重新启用中国石油天然气勘探开发公司名称。2017年6月，集团公司海外油气业务体制机制改革，名称改为中国石油国际勘探开发有限公司（简称中油国际公司）作为集团公司（股份公司）所属专业公司，由集团公司实施全面管理，授权负责海外油气项目的业务归口管理工作。2022年3月，根据集团公司党组关于海外业务体制机制优化调整相关文件，中油国际公司主要承担业务管理和商务管理工作，负责海外油气勘探开发、炼化管道运营、项目经营管理、新项目开发、新能源、资产优化等业务管理工作，负责发展计划、预算、并购处置相关财务业务、法律合同、股东事务等商务管理工作。截至2022年底，中油国际公司设本部部门17个、国内直属单位3个（专家中心、后勤保障中心、HSSE技术支持中心）技术研究中心、中油锐思技术开发有限责任公司，以及中油国投伊拉克公司（简称FZE公司）、中油国际（哈萨克斯坦）有限公司（简称CIK公司）、中油国际（尼罗）有限责任公司（简称CINL公司）、中国石油拉美有限公司（简称CNPCA公司）4个股东行权法律实体。中油国际公司中方主体员工662人。

2022年，面对哈萨克斯坦"一月事件"、乌克兰危机、中美博弈等地缘政治影响，伊拉克、乍得、秘鲁等主要资源国局势动荡，以及新冠肺炎疫情持续蔓延、OPEC+限产等严峻挑战，中油国际公司贯彻落实集团公司决策部署、油气和新能源子集团工作要求，开展提质增效、亏损企业治理、企业改革三年行动和人才强企"四大工程"，实现油气业务量效齐增、资产优化再获突破、重大风险有效应对，海外业务体制机制优化调整顺利过渡，QHSE业绩保持良好，各项任务目标全面完成。全年完成油气权益产量当量10233万吨，其中原油权益产量7705万吨、天然气权益产量317.4亿立方米。油气权益产量当量连续四年保持1亿吨以上稳产。经营净利润、自由现金流实现经济增加值五年来首次转正，经营效益创历史最好水平。

【海外油气勘探】 2022年，海外油气勘探坚持资源战略不动摇，聚焦重点勘探区块，加强地质研究，强化勘探方案部署，深水、新层油气勘探均获重大进展。巴西阿拉姆深水勘探区块首口探井试油日产1011吨，10亿吨级大油田雏形展现；俄罗斯亚马尔侏罗系新层试采井获超百万立方米高产油气流，万亿立方米大气田资源规模不断夯实；乍得多赛欧坳陷探井单层测试均获日产油100立方米以上，尼日尔毕尔玛区块完成勘探期评价，落实两个亿吨级油气富集区；阿克纠宾、PK、苏丹6区等滚动勘探取得多项新进展。全年勘探新增探明油气地质储量亿吨。

【海外油气开发生产】 2022年，海外油气开发加大增储上产力度，推动落实"一项目一策"，新井和措施井产量贡献显著提高，新井权益产量520万吨，措施井权益产量1371万吨，年自然递减率同比下降1.1个百分点，亿吨权益效益产量超额完成。克服全球新冠肺炎疫情、美国制裁、OPEC+限产、洪水等多重不利因素影响，充分利用油价高位有利契机，投资向矿税制和产品分成制项目倾斜，权益产量增加215万吨。加强开发方案全周期管理，突出全过程专业审查和质量控制，完成22个油气田开发和调整方案编制审查。加强常态化生产动态分析和增储上产专项工作，全年油气权益产量当量10233万吨，其中原油7705万吨、天然气317.4亿立方米（含LNG 424万吨）。

【海外重点工程建设】 2022年，海外的重点工程建设加强前期工程方案优化，注重质量，科学推进，多项重点工程建设成功投产。巴西里贝拉梅罗1单元5月1日按期投产，新建产能900万吨；澳大利亚箭牌项目戴维首气工程3月29日正式投产，新增处理能力8亿立方米；阿姆河B区西部气田地面工程6月26日提前投产，新建产能18.2亿立方米；莫桑比克科洛尔项目新建LNG产能330万吨，11月13日实现首船外销；尼日尔二期一体化项目统筹推进，上游和管道工程进度均超65%，海底管道铺设全部完成；北极LNG2项目克服乌克兰危机影响，调整工程建设节奏，一期总进度超95%；加拿大LNG项目一期工程平稳推进，总进度77.7%；哈萨克斯坦南线天然气管道150亿立方米扩容项目提前实现投产目标；乍得二期管道去瓶颈工程建成投用。

【海外管道运营及炼油化工】 2022年，海外管道运营及炼化项目优化调整稳步推进，油气输送和天然气保供力度持续增强。深入开展管道安全隐患排查整治、专项应急演练，保障油气管道安全平稳运行，全年向国内输送原油2128万吨、天然气510亿立方米。天然气方面，保持气源稳定，做好跨境天然气管道运行管理，阿姆河项目外输商品气136.2亿立方米，中亚天然气管道向国内供应商品气432.3亿立方米，中缅天然气管道输气41亿立方米。有效规避俄罗斯资源在欧洲销售的巨大市场风险，牵头组织亚马尔项目份额 LNG 回国保供，实现 11 船上亿立方米油气资源回国，提升现货 LNG 回国比例。原油方面，建立伊拉克巴士拉、乍得多巴份额油长效工作机制，组织份额油资源回国。

炼化业务经营状况良好。根据集团公司工作部署，配合炼化新材料公司，落实海外炼化业务专业化管理优化调整，确保平稳有序完成工作任务。尼日尔炼厂比计划提前 7 天高质量完成大检修工作，清欠难题取得阶段性进展；乍得炼厂推动中方股东获得分红；奇姆肯特炼厂推进治理机构调整。

【海外项目开发、转让及新能源业务】 2022 年，海外项目开发抓优化、谋长远，提升资产集中度归核化，新项目开发取得重大进展。哈萨克斯坦阿克纠宾 76 号合同签署三年延期协议，阿曼 5 区完成西区小油田服务合同签署，PK 公司签署 240 号合同权益收购协议、曼格什套公司完成 3 个卫星油田 6 年延期合同签署。幸福之路项目取得实质性进展，风险服务合同关键条款基本达成一致。伊拉克火星项目与巴士拉石油公司、埃克森美孚就作业权移交方案基本达成一致。卡塔尔 LNG 扩容项目关键性谈判进展顺利。安第斯项目合同延期等有序推进。

资产重组与处置工作取得多项重要成果。资产重组方面，完成伊拉克鲁迈拉项目交割，增加对项目的控制力及话语权。完成麦凯Ⅲ油砂项目内部重组。资产转让方面，苏丹石化贸易公司全部股权和中加公司乎利区块资产成功转让，完成秘鲁服务公司土地转让，规避因土地资产长期闲置存在的权属风险。项目退出方面，巴西佩罗巴区块通过政府审批完成退出。法人压减方面，完成亚马逊分公司清算、中俄合作项目部清算、秘鲁服务公司吸收合并等 7 家法人压减和分公司关闭，提前完成集团公司（股份公司）法人压减和"两非"剥离任务。

新能源业务取得新进展。落实集团公司碳达峰碳中和、新能源新材料重点工作部署，结合海外业务具体情况，强化战略规划顶层设计，编制完成碳达峰实施方案和海外新能源业务战略规划框架。按照"节能降碳、清洁替代、因地制宜、审慎投资"的工作原则，推进试点项目，尼日尔上游二期地面工程光伏发电项目完成设备招标，尼贝管道光伏储能项目进展顺利。

【海外经营管理】 2022 年，提质增效和亏损企业治理工程纵深推进，经营效益大幅增长。围绕集团公司"五提升、五增效"十大举措，聚焦"稳增长、提效率、促创新、优资产、强基础、控风险" 6 个方面，制定 32 项措施，在扩销推价、稳产增油、生产优化、税务筹划等 15 个方面，实施提质增效措施 360 项。加强战略规划和投资管控，以"创新驱动、资源统筹、成本领先、优化调整、绿色低碳"战略为引领，以经济效益为中心，坚持"严谨投资、精准投资、效益投资",采取"有保有压、有急有缓"的措施,有效保障规模优质增储项目、增产创效开发项目、重点工程建设项目投资需求。聚焦重点环节和问题短板,强化"四个一批"(管理提升一批、重组整合一批、转让移交一批、关停退出一批)分类治理和"六个精准"(精准识别亏损成因,找准治理方向;精准制定治理方案,以问题为导向,逐项落实;精准开展分类治理,针对"五种类型",因企制宜、因户施策;精准完善配套政策,落实保障措施;精准统筹过程督导,推动各项任务措施落地见效;精准考核,强化精准激励)施策,"一企一策"研究制定亏损企业治理专项工作方案。2022年底,全级次子企业净亏损16户,剔除减值、汇兑、内部重组等因素,亏损13户,整体完成在2020年基础上减亏目标任务。其中,加拿大公司实现经营性扭亏,澳大利亚公司经营亏损同比下降,中加公司、缅甸凯尔公司等单位亏损治理工作成效显著。

【企业改革】 2022年,中油国际公司贯彻落实集团公司关于海外业务体制机制优化调整工作部署,按照"一个目标、两个节点、三项任务"总体安排,制定《中油国际公司海外油气业务体制机制优化调整实施方案》,全面推进优化调整各项工作。完成海外单位党建群团管理、海外大区公司和海外人事共享以及财务共享职能划转与机构人员转隶工作,实现职能划转与机构人员转隶平稳有序落实。开展中油国际公司"三定"方案制定及实施工作,内设机构压减20%、人员编制压减10%、中层领导职数压减10%。完善技术支持、商务支持、风险防控"三个体系",服务和支持海外项目稳健发展。优化运行机制,配套制修订中油国际公司制度流程,完成关键管理制度修订67项、业务流程再造237项,发布《中油国际公司2022年有限授权方案》,明晰管理界面、理顺管理链条,实现优化调整工作平稳过渡。

股东行权体系优化调整落实到位。根据集团公司海外业务体制机制优化调整方案,制定《海外业务股东行权职能优化调整建议方案》并通过集团公司审定,实现中油国际公司承接原海外地区公司的股东行权职能。本着"合规、集约、专业"的原则,发挥平台公司靠前和区域股东行权职责,完成《四个平台公司法人治理建设和人员选派方案》,调整四个平台公司董事监事,搭建平台公司法人治理结构。完成海外项目153个决策类治理机构338个中方行权代表岗位调整工作。制定并印发中油国际公司《中方股东行权代表选聘和管理办法》,确保股东行权代表队伍合规化和专业化。

企业改革和人才强企工程不断深化。改革三年行动工作高质量完成。围绕中油国际公司改革三年行动实施方案部署的7个方面69项重点任务,形成129项具体成果。制定实施《中油国际公司2022年全面深化改革工作要点》,推进中油国际公司领导班子、各级单位经理层任期制和契约化管理。开展市场化员工招聘试点，完善市场化人员薪酬体系。分层级制订干部队伍接替计划，中油国际公司中层干部队伍中年轻干部占比达到集团公司要求。

【科技与数字信息化】 2022年，中油国际公司有序推进集团公司海外相关基础性前瞻性项目、中油国际公司技术支持和研究支撑项目，取得5项重大标志性成果，其中"被动陆缘盆地超深水盐下勘探目标评价技术与古拉绍重大发现"入选2022年中国石油十大科技进展。海外"山川"科技工程深入推进，以系统工程思维推进科技创新，系统谋划部署集团重大专项、前瞻性技术支撑研究、先导试验、软科学"四位一体"的海外"山川"科技工程，成为海外孕育孵化高质量创新成果平台，得到集团公司立项支持。知识产权创造得到提升，全年申请发明专利11件，共同申请发明专利23件。组织申报省部级科技奖励，获集团公司、中国石油和化学工业联合会科学技术进步奖一等奖2项，二等奖、三等奖3项，专利金奖1项。

海外数字和信息化"4+1"工程全面铺开。打造形成数字化转型试点样板2.0，尼日尔上游建设完成数字孪生平台和7个应用场景，尼贝管道数字化交付与施工建设同步，上下游实现"产运储销"一体化的应用场景实施；阿姆河、乍得上游完成首批23个场景设计及7套原型开发。深化海外勘探开发生产数据库等15个信息系统的推广应用，实现ERP标准模板在鲁迈拉合资公司和迪拜研究院的应用与过程创效；完成海外业务体制机制优化调整过程中信息系统的优化提升。

海外技术支持体系建设持续推进。海外研究中心推进勘探开发科技创新，编制开发（调整）方案、获取可行性研究报告等49份，完成25个研发项目"三新"（新技术、新业务、新方法）鉴定，组建鲁迈拉项目中方技术支持架构，细化西古尔纳项目技术支持接管实施方案。迪拜研究院平稳起步运行，国内"大本营"与海外"桥头堡"相互依托、辐射全球的海外技术支持新格局正在形成。专家中心加大重点难点项目商务支持力度，专人专项股东行权扩大至7个海外项目，搭建8个商务支持专家组；举办"海外商务支持"国际论坛和15场专家论坛专题讲座，编撰《海外油气项目管理实务》丛书，智库参谋作用有效发挥。后勤保障中心完成海外行政办公系统与集团公司档案管理系统的归档集成，《海外项目营地建设规范》《健康食堂标准化手册》在海外推广实施，后勤保障信息系统在7个项目试点应用。中油锐思技术开发有限责任公司立足技术支持、研发推广、专家派员等多元化创效渠道，创效净利同比增长9%。

【QHSE管理】 2022年，中油国际公司坚持把员工生命安全与身心健康放在首位，优化新冠肺炎疫情防控常态化和健康管理动态化工作，疫苗应接尽接率100%，海外超期工作员工全部清零，实现国际业务"两不"工作目标。中油国际公司获北京市首批"健康企业"称号。开展健康咨询700余人次，督促健康改进300余人次，非生产亡人数同比下降30%；推动海外单位医疗保障体系建设，推进国际医疗保险配置和紧急救援机构合作，提升海外单位健康应急处置能力。

2022年，中油国际公司推进质量健康安全环保各项工作，建立健全覆盖1781个岗位中方全员安全生产责任清单；做好特殊敏感时段QHSE风险管控，实现2022年北京冬奥会和残奥会、党的二十大等时段生产平稳有序；推进"安全生产专项整治三年行动计划"巩固提升，开展安全生产大检查、重点领域安全生产集中整治和房屋建筑物安全专项整治，整改各类隐患6567项。完善QHSE管理体系，完成年度QHSE体系审核工作，20个项目完成整改585项。加强溢流风险管控，开展井控分级、井喷压井和应急救援技术培训。强化环保合规管理和风险管控，完成尼日尔炼厂等海外项目环保合规性评价，推动哈法亚项目历史燃烧坑等重点环保隐患治理；深化绿色低碳管理，完成海外在产项目碳排放数据核算。加强海外重点工程项目质量监督管理，开展"群众性质量管理"活动，获集团公司质量信得过班组9个、QC成果奖三等奖2项。组织海外项目全面落实"四防"措施，应对缅甸、哈萨克斯坦等国政局动荡以及伊拉克、苏丹等国项目发生的阻工堵路等安全事件，实现海外社会安全"三保"工作目标。

【依法合规治企】 2022年，中油国际公司高标准全方位构建合规管理体系，开展ISO 37301合规管理体系标准化认证，参与集团公司法治建设示范企业创建，建立和运行合规管理体系；充实完善《海外投资业务合规指引》体系，推进合规要求嵌入业务流程，推广海外业务合规示范单位创建，实现管控实践靠实落地。加强合规新媒体文化宣贯，打造"互联网+合规文化"宣传阵地；开展"合规管理强化年"暨"八五"普法主题宣传月系列活动，提升全员法治意识和风险防范水平。

【企业文化建设】 2022年，中油国际公司学习宣贯党的二十大和十九届六中全会精神，严格执行"第一议题"制度，认真落实习近平总书记关于中国石油的重要指示批示精神。以"七个深度融合"、二十条具体举措推动党史学习教育常态化长效化。以"学习宣传""深刻领会""着力思考""知行合一"为系统方法，以"联学联建"为有力抓手，全面推动党的二十大精神学习宣传贯彻落实落地。落实提升中油国际公司基层党建工作质量6项措施，创新搭建党支部书记"四带头、五过硬"主题活动、党员创建"岗区队"主题实践、党支部系列主题党日等活动载体。开展"我为员工群众办实事"实践活动，推进疟疾防控等10件实事大事，做好新冠肺炎疫情防控常态化下员工关心关爱工作，加强"党委信箱"运行管理，实现员工提出问题条条有反馈、事事有回音、件件有着落。

海外文化宣传活动丰富多样。新华社、中央电视台、人民网等中央媒体对海外发展成果进行集中报道，掀起宣传热潮。完成中油国际公司内网改造升级。推进伊拉克、尼日尔、乍得跨文化传播项目，开展"美美与共"主题宣传，讲好海外石油故事。《回"家"》第二季10集微纪录片累计浏览量超2500万人次。《以书为媒，架起海外油气合作文化桥梁》获国家部委2022年度"中央企业国际形象建设十大优秀案例"。中油国际公司史志编纂工作高效推进，完成《中国石油国际勘探开发有限公司志》系列图书23卷初稿。

（魏　巍）

国内油气勘探开发国际合作

【概述】 2022年，围绕低渗透油气藏、稠油、滩海、高含硫气藏、高温高压气藏、煤层气、致密气等领域，与壳牌公司、道达尔公司、雪佛龙公司等合作伙伴在国内合作开展油气勘探开发业务，对外合作稳步推进。

2022年，集团公司国内对外合作项目油气产量当量持续增长，再创历史新高，达到1265万吨，其中原油产量289万吨、天然气产量122亿立方米。完成新钻井795口，投产效果良好。截至2022年底，集团公司在执行的国内对外合作勘探开发合同29个，合作区面积1.43万平方千米，全部是产品分成合同。

【原油项目运作】 2022年底，有原油项目14个，其中赵东、孔南、冷家堡、海南—月东、州13（1-2）、州13（3-6）、肇413、大安、莫里青、庙3、民114和两井等12个项目处于生产期，九$_1$—九$_5$、扶余1号项目处于开发期。

1. 大港赵东项目

2022年，赵东项目生产原油31.7万吨，超产6.37万吨。赵东项目平台实现370.1万人工时无可记录伤害事件和1492天无损失工时事件的双安全里程碑。坚持低成本精细流场调控策略，突出不同油藏分类治理，治理地质储量3192万吨，实施油水井工作量92井次，自然递减同比下降2.7个百分点。

2. 大港孔南项目

2022年，孔南项目生产原油8.02万吨，同比增长20.4%。对2022年实现弃置费的提取达成一致意见，弃置费问题实现突破性进展。截至2022年底，孔南项目合作满25周年，项目累计完钻新井94口，修复利用老井20口，把一个难采低渗透"边际"区块建成有93口油井、15口注水井，年产油8万吨有质量有效益可持续发展的油田区块。

3. 辽河冷家堡项目

2022年，冷家堡项目克服冬季低温、新冠肺炎疫情、洪水等诸多困难和不利因素影响，保持原油产量稳中有升。全年生产原油48.6万吨，商品量45.72万吨，超产6000吨。鉴于冷家堡项目石油合同将于2023年2月底到期，冷家堡项目按照中外双方确定的终止工作计划，有序推进15项重点工作，确保合同终止工作如期完成。

4. 辽河海南—月东项目

2022年，海南—月东项目高效实施调整和勘探评价，实现储量接替和提升产量规模。完成新井15口，产量49.8万吨，产量三年连续增长，原油产量再创新高。

5. 大庆州13项目〔包括州13（1—2）区块、州13（3—6）区块和肇413区块〕

2022年，州13项目强化提质增效管理，通过加大开发管理力度、挖掘油井潜力、优化生产措施等系列工作，推动生产经营各项工作的落实落地，保证良好的发展势头，全年生产原油13.5万吨，完成《州13合作项目弃置预备方案》初稿。

6. 吉林大安项目

2022年，大安项目保持规模效益开发，降本增效措施效果显著，利润大幅提升。全年生产原油54.82万吨，产能建设稳步推进。投产新井114口，新井初期日产油3.5吨，达到设计产能；老井稳产效果明显，老井递减得到控制；措施产量超年计划3710吨；工程管理水平稳步提升：免修期实现稳步增长，机械采油系统效率逐步提高，节能降耗效果显著。

7. 吉林莫里青项目

2022年，莫里青项目新井和措施效果取得重大突破，产量大幅提升，生产原油16.89万吨，上产6.00万吨，同比增长51%。通过老井稳产、措施增产、新井上产，尤其是新井年末可达400吨/日生产能力，使年末项目生产能力达780吨/日，较年初增长1倍。

8. 吉林庙3项目

2022年，庙3项目原油销售量2.5万吨、产量2.66万吨，其中老井基础产量2.32万吨、老井措施产量0.09万吨、新井产量0.25万吨。综合研究设备参数的合理化，提高单井产量。1—4季度调参53次，增油424吨。继续开展"缝内转向压裂"技术，老井缝网压裂成为主要的增油手段，2022年增油904吨，累计增油6992吨。

9. 吉林民114项目

2022年，民114项目生产原油15275吨，商品量15275吨。因未钻新井和实施大规模增油措施，原油产量均为老井基础产量。

10. 吉林两井项目

2022年，由于两井项目经营权不明确，自2021年1月中旬开始进入停产状态。

11. 吉林扶余1号项目

2022年，扶余1号项目无商品量。以提高产量为工作重点，寻求低成本开采的稠油新技术、新工艺开展低成本稠油开采技术，完成《JF206井区稀油油层分布及油藏特点的研究》，确定该区块的油藏特点及其下一步开发的思路。

12. 新疆九$_1$—九$_5$项目

2022年，九$_1$—九$_5$项目生产原油54.22万吨。完成总体开发方案编制，于2022年11月29日上报集团公司审批。根据总体开发方案，可新建产能39.45万吨，15年累计产油647万吨，5年内稳产在51万吨以上，内部收益率12.26%。完成2023年产能建设方案，为2023年及早开展产能建设提供基础。

2022年10月12日，中国石油与联合石油在北京签署《中华人民共和国渤海湾盆地高升区块提高石油采收率合同终止协议》，高升项目正式终止。

【天然气项目运作】 2022年底，有天然气项目7个，分别为长北、苏里格南、川东北、川中、迪那1、吐孜、喀什北，全部项目处于生产期。2022年生产天然气115.24亿立方米，生产凝析油8.6万吨。

1. 长庆长北项目

长北项目推动二期产能建设，气藏精细描述取得新认识，2022年新钻井28口，生产天然气33.02亿立方米，持续15年产量超30亿立方米。冬季保供期间，按"基础产量953万米^3/日、调峰产量1030万米^3/日、极限产量1050万米³/日"三个目标进行保供，保供期 5 个月（2022 年 11 月至 2023 年 3 月），完成产量任务 14.41 亿立方米。

2. 长庆苏里格南项目

苏里格南项目深入开展技术攻关，产量创历史新高。2022 年，生产天然气 36.01 亿立方米，连续 3 年超 30 亿立方米。集气站集输能力 1600 万米³/日，井口产能 1360 万米³/日；井、站、网最佳匹配能力 1290 万米³/日，同比提升 100 万米³/日，冬季保供应急产量 1300 万米³/日持续安全运行 20 天。全年 QHSE9 项结果性指标全部完成，未发生 C 级及以上质量安全环保事故。2022 年 9 月 23 日 40 亿立方米总体开发方案获国家能源局备案。

3. 西南川东北项目

川东北项目连续 4 年稳产 20 亿立方米以上，经营效益全面向好，罗家 24 井新井高产，加速构建和谐企地关系。2022 年，生产原料气 29.73 亿立方米，营业收入同比增长 7%，单位操作成本同比下降 23%，完全成本同比下降 10%，净利润完成年初预算指标的 156%。

4. 西南川中项目

2022 年，川中项目生产天然气 3.97 亿立方米，完成年度计划目标的 132%；生产凝析油 0.62 万吨。项目持续加强精细化生产管理，将产量递减率控制在 10% 以内。组织实施的角 71-1H 井获良好成果，是川中项目历史上见气最快、初期产量最高的井，日产天然气 48 万立方米。2022 年单井产量 1.39 亿立方米，累计产量超 2 亿立方米。

5. 塔里木迪那 1 项目

2022 年，迪那 1 项目开井 4 口，产气 7.31 亿立方米，产油 2.99 万吨。完成迪那 1-4 井地面集输工程建设并投产，日产气 55 万立方米。完成迪那 1-3 井酸化解堵，解堵后日产气能力 50.22 万立方米，日产增产 20 万立方米，冬季保供期间，气田日产气 220 万立方米。通过动态资料录取和动静态资料分析，取得迪那 1 气藏构造面积和构造幅度增大、储量规模增加、纵横向连通性好、开发效果好、有进一步建产潜力等认识。

6. 塔里木吐孜项目

2022 年，吐孜项目生产天然气 6.67 亿立方米、凝析油 0.15 万吨。2022 年 9 月，组织完成吐孜增压站压缩机降压运行方案并实施，日外输能力增加 10 万立方米。通过动态资料录取和动静态资料的分析，认识到吐孜气藏压力下降快、横向连通性好、纵向动用程度差异大、开发指标较方案设计差等情况。

7. 塔里木喀什北项目

2022年，喀什北项目生产天然气4.68亿立方米，因气田提前见水，为确保气田因采出水储存问题影响气田正常生产，多举措协调采出水处置，通过拉运储存和康什1井回注等方式，保证气田冬季保供期间的正常生产。2022年实施正钻井康苏6井，见到油气显示。

【煤层气项目运作】 2022年底，有煤层气项目8个。其中，韩城、保田青山、石楼南、紫金山4个项目处于勘探期，马必、成庄、三交、三交北4个项目处于生产期。2022年生产煤层气7.05亿立方米。

1. 华北马必项目

马必项目秉承合作共赢理念，加大联合技术攻关，产建高效推进，新井产量快速提升，首次实现日产量突破100万立方米，煤层气商品量2.68亿立方米，超产0.94亿立方米，新建产能3.4亿立方米。强化预算管控，实施市场化运作，操作成本进一步降低，提质增效效果显著。

2. 华北成庄项目

成庄项目通过优化"井筒+地面"技术方案、制定低效井区治理方案等举措，盘活老区资源，老井递减率下降4%，日产气量总体稳定，2022年煤层气商品量0.56亿立方米。

3. 煤层气三交项目

三交项目通过与重叠区煤矿方签署战略协议的方式，解决煤层气矿权与煤炭矿权重叠的矛盾，盘活重叠区资源，实现中方、合作方、煤矿方的三方共赢；2022年投产水平井10口，综合治理老井8口，日产量突破50万立方米，产销量均创历史新高。全年生产天然气1.68亿立方米。

4. 煤层气三交北项目

三交北项目水平井产量获突破，盒6段10水平井砂岩钻遇率100%，2022年6月21日投产，年产气1552万立方米，创多项纪录。2022年综合治理排水采气措施实施井116口，增产3285万立方米，生产致密气2.17亿立方米。

5. 煤层气韩城项目

2022年4月19日，韩城项目鄂东煤层气韩城北区块总体开发方案获国家发改委备案，正式进入开发期。

6. 煤层气保田青山项目

保田青山项目勘探期已到期，中外双方虽经数轮谈判尚未就勘探期延期协议达成一致。现场无实物工作量，与贵州省油气勘查开发工程研究院签署《贵州六盘水保田青山区块煤层气勘探评价服务合同》。

7. 煤层气石楼南项目

2022年，石楼南项目煤层气探矿权已过期，现场无实物工作量。

8. 煤层气紫金山项目

2022年，紫金山项目钻井3口，进尺0.84万米。

【人员培训】 2022年，因受新冠肺炎疫情影响未组织国外培训，利用对外合作项目提供的培训费和培训资源，组织开展国内线上、线下培训102批次，参加人数3400人次，使用培训费125.14万美元。

国际贸易

【概述】 中国石油油气国际贸易业务及贸易运作平台的投资建设和经营管理以及境内外期货业务由中国石油国际事业有限公司／中国联合石油有限责任公司（简称国际事业公司）负责归口管理。国际事业公司锚定"建设世界一流全球能源贸易商"的战略目标，切实履行保供、降本、增效"三项职责"，围绕亚洲、欧洲、美洲三大油气贸易运营中心完善全球营销网络，持续提升"贸易、加工、仓储、运输"四位一体综合实力，发挥联通国内外两种资源，融通国内外两个市场，贯通油气上中下游产业链的重要作用，为中国石油履行政治、社会和经济责任，保障国家能源安全做出重要贡献。截至2022年底，国际事业公司在全球120多个国家和地区开展业务，参与全球上百个品种的场内场外交易，与5000余家交易对手建立合作关系，业务结算涉及外币20余种，资源优化配置能力和市场影响力持续提升，从油气贸易的参与者成长为位居行业前列的重要力量。

2022年是国际贸易业务发展历程中极为重要、极不平凡的一年，面对世界百年未有之大变局激荡演进，全球油气贸易格局加速重构的新形势，国际事业公司将贸易保供提升到前所未有的高度，主动作为促发展，依法合规防风险，经营业绩再创历史新高。

【原油业务】 2022年，原油业务靠前服务海外上游，"宜回则回"供应集团公司系统内炼厂，全年销售份额原油2212万吨，同比增长11%，占上游可贸易资源比例上升至77%。签署西部过境俄罗斯原油补充协议，总计增加1亿吨俄罗斯原油资源，并与厄瓜多尔国家石油公司新签长约锁定增量资源约 420 万吨。组建"跨大西洋低硫组"，实现 WTI 跨市欧洲量利齐增。将上游亚马尔项目副产品 SGC 凝析油首次销往国内，实现凝析油自营业务重大突破。

【天然气业务】 2022 年，天然气业务落实冬季保供主体责任，提前锁定"去冬今春"进口天然气资源，签署中俄东线价格参数替换补充协议，调整乌兹别克斯坦天然气合同价格公式条款，并通过船期调配、转售换货优化等多种手段助力集团公司降本增效。签署中俄远东天然气购销协议，增加 2400 亿立方米俄罗斯天然气资源，并以具有竞争力的价格获取亚马尔项目近期 50 万吨/年及切尼尔项目远期 180 万吨/年的 LNG 增量资源。全面启动代理天然气销售分公司进口长约套期保值工作。

【成品油业务】 2022 年，成品油业务及时准确反馈国际市场变化，优先安排高裂解价差油品出口，统筹优化出口结构和节奏。助力低硫船用燃料油产销贸一体化运作，完成出口 637.6 万吨，同比增长 58.2%。统筹开拓地炼直馏燃料油市场，成为远东最大直馏油资源供应商。首次将美湾柴油销售至法国炼厂，开拓中东到南美的跨大西洋高硫柴油贸易路线。

【化工品业务】 2022 年，化工品业务继续保持世界最大石蜡出口商地位，成为中国最大甲苯出口商。首次打通独山子石化高密度聚乙烯双口岸陆运出口流程。轻烃业务整合后实现跨越式发展，全年贸易量突破 600 万吨。

【海运业务】 2022 年，海运业务前移香港，公司制运营迈出坚实一步。"少林"下水、"武当"入列，国际事业公司掌控油轮及 LNG 船队 40 艘、357 万载重吨，启动新一轮 LNG 运力建设工作，运力保障能力进一步加强。

【全球油气运营中心建设】 2022 年，亚洲、欧洲、美洲三大油气运营中心和中亚—俄罗斯、中东核心贸易区不断增强资源优化和市场开拓能力，合力拓展全球贸易版图。亚洲运营中心发挥资源调节保供功能，供应泰国市场 LNG 现货 80 万吨，同比增长 60%。成为首家中标日本国家储备原油的跨国企业。连续 11 年保持香港机场最大供油商地位。首次在 5 座新加坡 SPC 加油站部署电动车充电桩。欧洲运营中心首次在欧洲开展船加油业务。美洲运营中心拉美市场固蜡直销量超 6000 吨，同比增长超 2 倍。中亚—俄罗斯贸易区落实重点资源，保障中哈管道原油资源和中亚进口管道天然气资源稳定供应。中东贸易区首次销售原油和柴油至巴基斯坦。

【风控体系建设】 2022 年，国际事业公司完善风险地图，实施风险分类分级管理，建立全方位、立体化的风控责任体系。建立风控人员派驻机制，推进风险管理集约化转型。

【信息支撑体系建设】 2022年,国际事业公司全球LNG业务管理系统、新一代油品贸易系统加速升级换代,区块链合资公司数字提单产品上线运行,成为国内首个可用于大宗商品交易的数字化交易凭证。

【财务管理体系建设】 2022年,国际事业公司开通涉俄罗斯油气人民币结算通道,人民币国际化在油气贸易领域取得里程碑意义的突破。一体推进"七个专项治理"(财务会计信息质量问题、债务风险问题、依法纳税问题、国有产权管理问题、投资管理问题、经营业务合规管理问题、金融业务风险问题专项治理)任务基本落实到位,稳健实施套保会计。多措并举降低融资成本,主动管理汇率风险。全级次亏损企业同比减少7户。

【法律支持体系建设】 2022年,国际事业公司落实集团公司领导干部会议精神和"合规管理强化年"工作部署,建成涉欧、涉美法律纠纷与合规事务共享中心。办结案件10件,挽回损失近1.5亿元。

【国际化人才队伍建设】 2022年,国际事业公司进一步拓宽选人用人渠道,调整干部85人次。加快优秀年轻干部培养选拔,"80后"占提拔干部总数的71%。举办首期领导人员和青年骨干人才培训班。

【HSE管理】 2022年,国际事业公司开展QHSE体系审核,安全生产专项整治三年行动完成,全面实现"零事故、零伤害、零污染"目标。新冠肺炎疫情防控上下齐心,坚持把守护员工及家属身体健康与生命安全放在首位,境外万里驰援,境内风雨同舟,通过发放"爱心药品防疫包",为外派员工国内家属寄送防疫用品,筑起暖心"防护屏障",共谱抗疫"同心曲"。

【船队建设取得历史性突破】 2022年10月25日,中远海运中国石油国际事业公司LNG运输项目首制船"少林"号命名及交付仪式在上海沪东中华船厂长兴岛码头举行。12月15日,17.4万立方米大型液化天然气运输船"武当"号命名暨交船签字仪式在上海沪东中华船厂长兴岛码头举行。"少林""武当"号的交付对扩大中国石油自控LNG船队规模、保障集团公司海外LNG离岸资源海上运力、提升天然气产业链整体竞争力、服务国家能源安全战略具有重要意义。

(彭川涵)

国际合作与外事工作

【概述】 2022年，面对国际地缘政治动荡、世界经济低迷、重点项目所在国形势变局等多重挑战，在党中央、国务院的正确领导下，集团公司以高质量发展为落脚点，以境外业务总体安全为底线，统筹推进国际合作与外事工作。在国际油价企稳向好的情况下，境外产能建设平稳推进、经营效益总体良好、社会安全及新冠肺炎疫情防范整体受控、员工身心健康良好。

截至2022年底，集团公司在全球32个国家管理运作着88个油气合作项目，构建起涵盖中亚—俄罗斯、中东、非洲、美洲和亚太五大油气合作区的投资与生产网络，2022年油气权益产量当量1.02亿吨，超过80%的产量来自"一带一路"沿线国家（19个国家51个项目）。保障横跨中国西北、东北、西南和东部海上四大油气战略通道的能源供应，依托覆盖"一带一路"核心区域的中亚天然气管道、中哈原油管道、中俄油气管道、中缅油气管道和东部海上通道等跨国运输管网，成为"一带一路"基础设施互联互通建设的旗舰工程。国际贸易业务遍布全球120多个国家和地区，2022年亚洲、欧洲和美洲三大油气运营中心累计实现贸易量4.3亿吨，运营能力持续提升，全球油气贸易体系架构渐显。工程技术、建设和装备出口业务开拓新市场新业务，培育稳定高效的规模市场，促进全产业链协同发展和全价值链协同创效，2022年新签合同额逾100亿美元，完成合同额逾80亿美元。

截至2022年底，境外共有中外方员工近8万人，当地和国际化雇员近7万人，平均本土化率78.8%，其中投资业务本土化率90%。

【"一带一路"油气合作】 2022年，集团公司深入贯彻习近平总书记在第三次"一带一路"建设座谈会精神以及党的二十大相关部署，扎实推进高质量共建"一带一路"，打造优质标志性重点工程，持续构建完善多元化油气供给和贸易体系，不断深化互利共赢和可持续发展，推动"一带一路"油气合作取得系列成果。

生产经营稳健增长。集团公司以油气合作为载体，以高端合作机制为平台，实现与俄罗斯、伊拉克、哈萨克斯坦、印度尼西亚等10多个节点国家合作伙伴一批重要协议、重点项目和重大标志性工程的签署和投运；与沿线重点国家油气技术、标准和规范的兼容、互认和对接；在"一带一路"沿线形成集勘探开发、管道运营、炼油化工、工程服务等业务于一体的完整产业链。截至2022年底，集团公司在"一带一路"沿线19个国家参与运作管理着51个油气合作项目，全年油气权益产量当量占海外油气权益总产量当量的83%。依托全球运营网络，与沿线50多个国家开展油气贸易合作，全年贸易量占国际贸易总量的55%。充分发挥油气产业链上下游一体化优势，工程服务和装备出口业务强化市场开发和精益管理，不断拓展国际市场空间，在沿线30多个国家新签和完成合同额接近境外工程服务和装备出口合同总额的78%。

履行社会责任。集团公司响应联合国《2030年可持续发展议程》目标倡议，将公司发展融入当地社会，通过负责任的运营为当地有效创造就业、依法透明税收，满足当地能源供给，促进当地社会发展和经济繁荣。通过设立专项资金资助教育、医疗、环保等公益事业，改善民生福祉，增强当地社区民众获得感、对共建"一带一路"倡议的认同感，多个境外项目获得国际组织、当地政府和媒体的好评。

绿色低碳发展。集团公司聚焦全球环境治理，与油气行业气候倡议组织（OGCI）伙伴联名发布2030年《力争实现甲烷零排放倡议》。完善境外碳达峰实施方案，推动风光气电融合发展和地热、氢能以及CCUS等负碳技术规模应用，全面构建绿色产业结构和低碳能源供应体系。

截至2022年底，集团公司在"一带一路"地区共有中外方员工逾6万人，当地和国际化雇员逾5万人，平均本土化率为85%，其中投资业务本土化率超过92%。

【配合国家能源外交活动】 2022年，集团公司配合国家主场外交，办好能源外交品牌活动。充分利用国际舞台和场合，参与气候变化与能源转型等行业热点讨论，分享能源转型叠加能源短缺形势下石油公司的发展战略、绿色低碳与能源安全相互协同的新路径，为集团公司国际业务营造更为有利的发展环境。

集团公司与俄罗斯石油股份公司联合主办第四届中俄能源商务论坛，论坛以线下与线上相结合的方式在北京和莫斯科两地举行。习近平主席和普京总统为论坛致贺信。中俄两国有关部门和能源企业、金融机构、研究机构、行业协会的300多名代表应邀出席论坛，围绕"深化中俄能源合作，共促能源安全与绿色可持续发展"主题，就中俄在石油、天然气、煤炭、电力、核能及新能源等领域合作展开讨论，就绿色氢能商业化等话题进行交流。论坛期间发布《中俄能源合作投资指南（中国部分）》。

2022年金砖国家工商论坛开幕前夕，集团公司与中国工程院能源与矿业工程学部联合主办第一届金砖国家能源合作论坛，这是新冠肺炎疫情以来金砖国家工商界举办的层次最高、范围最广的交流活动。来自外交部、中国工程院、金砖国家工商理事会中方理事单位和能源与绿色经济工作组中方成员单位及金砖国家能源企业代表、驻华使节、国际组织和院校等的代表在北京现场参加论坛，围绕"深化金砖能源合作，助力绿色转型发展"为主题开展交流，能源与绿色经济工作组发布中、英、俄、葡四种语言的《后疫情时代为金砖国家可持续发展贡献能源力量》联合倡议书。在2022年金砖国家工商论坛期间，集团公司董事长戴厚良应邀出席"加快绿色转型，推动全球可持续发展"专题研讨会并作主旨发言，分享中国石油在绿色低碳方面的实践。

第五届中国国际进口博览会期间，集团公司主办第五届中国石油国际合作论坛暨签约仪式，围绕"大变局下的能源安全与低碳转型"主题开展深入交流。来自25家集团公司主要业务领域合作伙伴与供应商代表参加，集团公司与30家合作伙伴签署30份采购协议，合同总金额167.9亿美元。

【外事外联与对外合作交流】 2022年，集团公司坚定不移推进开放合作，始终秉承"共商、共建、共享"的国际合作理念，与合作伙伴开展线上线下多种形式的交流与合作，就新冠肺炎疫情背景下的油气合作、绿色低碳、能源转型等交换意见，在国际能源新秩序、新格局的构建中贡献中国石油智慧和中国方案。

集团公司举行高频率"云外事"，2022年高层领导外事活动74场，其中线上活动65场、线下活动9场。出席国家领导人外事活动2场。2022年北京冬奥会期间，集团公司与国际重要合作伙伴高层开展交流、签署合作协议。集团公司与哈萨克斯坦、塔吉克斯坦、伊拉克、尼日尔等项目所在国政府高层，以及荷兰皇家壳牌石油公司（Shell）、俄罗斯石油公司（Rosneft）、俄罗斯天然气工业股份公司（Gazprom）等合作伙伴进行线上视频会议，与道达尔能源（Total Energies）、英国石油公司（bp）召开战略合作指导委员会定期会议，深化国际合作及伙伴关系，打造更为紧密的油气合作利益共同体。在2022年金砖国家工商论坛开幕前夕主办第一届金砖国家能源合作论坛，在第五届中国国际进口博览会期间主办第五届中国石油国际合作论坛，与俄罗斯石油股份公司联合主办第四届中俄能源商务论坛。

以线上线下相结合的方式，参与世界石油理事会（WPC）、金砖国家工商理事会（BBC）、国际天然气联盟（IGU）、石油和天然气气候倡议组织（OGCI）等国际组织举办的活动，参加博鳌亚洲论坛（BFA）、阿联酋阿布扎比首席执行官圆桌会议暨国际石油展览会议（ADIPEC）、俄罗斯圣彼得堡国际经济论坛、剑桥能源周（CERAWEEK）等国际能源组织与行业学会举办的对话与交流活动，借助国际高端平台加强双边、多边对话，在国际能源新秩序、新格局的

第一部分　总　述

构建中主动发声，增进理解互信，不断提升集团公司的国际形象、影响力和话语权。

【国际业务管理】　2022年，集团公司强化责任担当，认真贯彻落实中央及国家相关部委文件规定，优化完善国际业务体制机制，形成"总部直管＋专业化管理＋区域性监管"三位一体的管理架构，制定《中国石油天然气集团有限公司海外大区公共事务管理办法》，指导协调海外大区公共事务工作。

强化国际业务合规管理力度。落实国家相关部委监管要求，依法合规开展境外项目备案管理，提升项目本土化率，维护良好市场秩序和境外项目良性运作。全面排查重点国家项目的合规风险，建立完善定期督办销项机制，以及有效的风险识别、评估、预警、防范、处置机制。同时，突出合规管理和价值导向，进一步提升工程服务企业的国际化运作能力、本地化水平，推动迈向产业链更高端，实现高质量、可持续、安全发展。

提升国际化经营能力。组织开展海外业务单位国际化经营能力评价工作，引导海外业务单位建立健全标准化管理体系，全面提升集团公司国际业务可持续发展能力、资源创效能力、关键技术研发能力、高端市场开发和风险防控能力。

推进国际业务发展战略策略问题研究。紧跟加速演变的国际地缘政治经济形势，围绕重点国家投资环境变化和地区热点问题，开展国际业务发展相关研究，多份高质量研究报告被国家相关部委采用。

【国际业务社会安全管理】　2022年，集团公司牢固树立"员工生命安全高于一切"的理念，持续保持全年国际业务社会安全"零伤亡"。

完善国际业务社会安全管理体系。修订印发《中国石油天然气集团有限公司国际业务社会安全管理规定》《集团公司涉外社会安全突发事件应急预案》以及国际业务社会安全管理体系文件（2.0版），为有效预防、控制和处置境外项目社会安全风险、确保境外员工和财产安全提供制度保障。对36家海外业务企业开展国际业务社会安全管理考核，年度考核成绩达优秀的企业数量从2021年的12家增至18家，国际业务社会安全管理整体绩效显著提升。

重点国别项目社会安全管理。加强项目现场管控，组织尼日尔二期一体化项目等重点项目落实安保方案措施，开展安保管理专项督查，对袭击绑架风险较高项目的社会安全管理脆弱性进行评审。结合个别国家安全形势急剧恶化、涉中方人员安全事件高发频发态势，有针对性地升级境外项目安保措施，有序压减中方员工数量，应对可能风险。加强中缅、中亚等跨境油气管道项目安全保障，中缅油气管道项目获"2022年度海外安防优秀实践奖"。

应对突发事件。针对部分国家安全形势急剧恶化、涉中方人员安全事件高发频发的态势，密切跟踪形势发展，督导境外项目细化完善应急预案、升级驻地安保、落实应急资源、开展应急演练，确保人员和设施安全。加强社会安全风险信息收集和分析预警，相关境外项目成功应对游行、堵路等多起社会政治和安全事件。

开展境外员工安全教育培训。2022年，组织防恐安全培训班156期，培训人数12824人次。

【境外员工健康管理】 2022年，集团公司始终坚持"人民至上、生命至上"理念，持续做好境外员工健康管理。

境外员工身心健康管理。修订印发《集团公司涉外公共卫生突发事件专项应急预案》，进一步优化涉外公共卫生突发事件分级标准和应急处置流程。对标《中央企业境外机构（项目）医务室和急救站建设指导意见（试行）》，推进海外项目医务室和急救站标准化建设。组织出国体检评估1.6万人次，推进海外项目医务室和急救站标准化建设，通过跨国医疗转运、远程会诊，成功救治海外9名重症患病员工。组织"欢聚云端，健康你我"在线系列活动10场次，超18万人在线点击参与活动，集团公司董事长戴厚良致境外员工和家属的慰问信累计2.7万人阅读。组织开展海外员工家庭建设系列讲座4期，约1300人参加。深入实施员工帮助计划（EAP），全年心理咨询专家团队为境外员工提供心理健康服务热线逾1600小时，试点开展境外员工心理准备度评估和测试近1600人次，咨询个案995例，EAP咨询服务已经成为境外员工和家属接受并信赖、寻求心理帮助的有效手段。

新冠肺炎疫情防控工作。对全球疫情发展进行实时监测，根据变化情况及时更新发布《中国石油国际业务新冠肺炎疫情常态化防控工作指导意见》第五版和第六版，印发《中国石油临时出国团组疫情防控指导意见》，制作《办公、隔离、外出篇》《生活场所篇》《个人防护篇》《施工现场篇》《网格化管理篇》五部境外疫情防控宣传片，宣传贯彻国家和集团公司疫情防控要求，为境外疫情防控工作提供有力保障，集团公司连续三年未发生染疫亡人情况，境外在岗中方员工疫苗接种率100%。将推动境外超期工作员工轮换作为"我为员工群众办实事"重点工作之一，组织有关单位制定"一国一策、一项目一策、一人一策"的倒班轮换方案，通过商业航班、包机相结合的方式，从全球65个国家接返海外员工近6300人，解决境外员工超期工作，以及部分国家项目员工疫情以来长期无法回国的难题，2022年底基本实现境外员工倒班轮换正常化。

【出国（境）管理与服务】 2022年，集团公司优化因公出国（境）管理，持续提高因公出国（境）项目审批效率和服务水平，严控非必要、非紧急团组派出。全年受理因公出国（境）项目申请4630个，办理证照4316本，签证2079人次，出境证明7947份。审核取消例行任务出访团组88个，对135个团组的在外时间、派出人数进行压缩调整。发布更新驻华使领馆领事服务信息40期、航班动态信息67期，做好国际机票票务服务，为境外项目员工有序轮换提供支持。全年出国（境）费用支出较2021年同比下降15%。

【外事队伍建设】 2022年，集团公司畅通外事管理人员发展通道，持续推进翻译人员职业发展培训晋级体系建设和实施，加强翻译人员梯队建设，为加快人力资源向人力资本转化提供制度保障。

【第一届金砖国家能源合作论坛】 2022年6月21日，在2022年金砖国家工商论坛开幕前夕，第一届金砖国家能源合作论坛在北京举行。本届论坛是金砖国家工商理事会能源领域首次创办的论坛，以"深化金砖能源合作，助力绿色转型发展"为主题，由金砖国家工商理事会中方理事单位中国石油天然气集团有限公司与中国工程院能源与矿业工程学部联合主办，来自外交部、中国工程院、金砖国家工商理事会中方理事单位和能源与绿色经济工作组中方成员单位及金砖国家能源企业代表、驻华使节、国际组织和院校等的代表现场参加。

金砖国家工商理事会中方理事、集团公司董事长戴厚良出席论坛并在开幕式致辞。他表示，金砖国家作为新兴市场国家和发展中国家的代表，深度挖掘能源资源、供需、产业和技术方面的互补优势，加强务实合作，构建新时代能源发展伙伴关系，有助于共同维护全球能源市场安全发展，提升金砖国家参与全球能源治理的话语权和影响力。为打造"能源金砖"，扛起能源与绿色经济工作组中方单位责任担当，他表示，将加强与金砖各国在能源领域和企业的全面合作，实现以合作促发展、以发展促共赢。

论坛开幕式上，能源与绿色经济工作组巴西、俄罗斯、印度和南非各方组长分别视频致辞，发布中、英、俄、葡四种语言的《后疫情时代为金砖国家可持续发展贡献能源力量》联合倡议书。论坛期间举行主题为"把脉能源大势，共享绿色未来"和"擘画合作蓝图，携手共赢发展"的对话。

【第五届中国石油国际合作论坛暨签约仪式】 2022年11月5日，在上海第五届中国国际进口博览会期间，第五届中国石油国际合作论坛暨签约仪式举行。本届论坛以"大变局下的能源安全与低碳转型"为主题，由中国石油天然气集团有限公司主办，25家集团公司主要业务领域合作伙伴与供应商代表参加。

集团公司董事长戴厚良出席论坛并作题为《扩大开放合作，携手应对挑战，共同守护绿色低碳转型中的能源供应安全》的主旨演讲。他表示，中国石油始终秉持"绿色发展、奉献能源,为客户成长增动力,为人民幸福赋新能"的价值追求,在全球广泛开展油气和新能源、炼油化工和新材料、国际贸易、石油石化工程服务等全产业链合作。中国石油将大力提升勘探开发力度,坚持绿色低碳发展,加快核心技术攻关突破,加快向"油气热电氢"综合性国际能源公司稳步转型,并就如何面对油气行业面临的新形势新挑战发出倡议。

主旨演讲结束后,举行"加强能源合作,赋能可持续未来"高层对话和签约仪式。在高层对话中,6位国际知名企业高管和专家围绕能源转型的解决之道、大变局下国际能源合作的机遇与挑战、能源转型下创新的商业模式和伙伴关系等议题展开深入研讨。在签约仪式上,集团公司分别与联益集团、哈里伯顿(中国)能源服务有限公司、斯伦贝谢等30家合作伙伴签署30份采购协议,合同总金额167.9亿美元。

【第四届中俄能源商务论坛】 2022年11月29日,第四届中俄能源商务论坛以线下与线上相结合的方式在北京和莫斯科两地举行。习近平主席和普京总统为论坛致贺信。

本届论坛以"深化中俄能源合作,共促能源安全与绿色可持续发展"为主题,由中国石油天然气集团有限公司和俄罗斯石油股份公司联合主办。国务院副总理韩正,俄罗斯联邦政府副总理诺瓦克,俄罗斯总统能源发展战略和生态安全委员会秘书长、俄罗斯石油股份公司总裁谢钦出席论坛开幕式并致辞,国家能源局局长章建华和俄罗斯科学院院士、俄罗斯科学院世界经济和国际关系研究所主席登金主持开幕式。中俄两国有关部门和能源企业、金融机构、研究机构、行业协会的300多名代表参加。

集团公司董事长戴厚良出席开幕式并致辞。他建议,中俄双方共同保障油气资源供给安全,认真执行好能源合作的战略大项目,全面提升油气全产业链合作水平,继续发挥能源合作在双方经贸交往中的引领支撑作用,确保石油、天然气等传统能源供给安全;挖掘绿色低碳合作潜力,携手共建绿色低碳能源生态圈;共同参与全球能源治理,推动完善更加公平公正、均衡普惠、开放共享的全球能源治理体系,努力为维护全球能源安全和中俄油气合作健康发展贡献智慧和力量。

论坛与会代表就中俄在石油、天然气、煤炭、电力、核能及新能源等领域合作展开讨论,就绿色氢能商业化等话题进行交流。论坛期间发布《中俄能源合作投资指南(中国部分)》。

(蒙 萌)

第二部分

海外企业概览

中油国际管道公司

【概况】 2017年7月，中亚管道有限公司与中国石油集团东南亚管道有限公司实施整合，设立中油国际管道公司。业务覆盖乌兹别克斯坦、哈萨克斯坦、塔吉克斯坦、吉尔吉斯斯坦、缅甸、中国，管理运营6条天然气和3条原油管道，建有一座30万吨级原油码头，形成"六气、三油、一港"（中哈天然气管道、中乌天然气管道、哈萨克斯坦南线天然气管道、中塔天然气管道、中吉天然气管道、中缅天然气管道、中哈原油管道、西北原油管道、中缅原油管道、马德岛港）超级管道网络，总投资266亿美元，总里程超1.1万千米，年油气输送能力1.05万吨油当量，管输规模占全国现有陆上进口能力的75%。作为集团公司海外油气管道专业化公司，投资运营管理13个境内外独资与合资公司。

2022年，面对复杂多变的严峻形势和艰巨繁重的生产经营和改革发展任务，中油国际管道公司弘扬石油精神和"智慧＋实干"的企业精神，克服全球新冠肺炎疫情反复、所在国政局动荡、乌克兰危机影响外溢等不利因素，确保油气战略通道的安全可靠高效运行和公司改革发展平稳有序。全年向国内输送天然气473.1亿立方米，占进口天然气比重同比提升2.3个百分点，向国内输送原油2128.2万吨，同比增长1.9%，为保障党的二十大、冬奥会等重大活动作出突出贡献，获集团公司"冬季保供先进单位"。实现考核口径净利润7.53亿美元，同比提高6.8%，创历史最好水平。

【海外体制机制】 2022年5月20日，集团公司人力资源部批复中油国际管道公司"三定"工作实施方案，要求6月30日前完成改革落地。有序推进"三定"工作，实现组织架构、管控模式、干部体系的重构优化。新老班子有序交替，完善模拟法人治理和执行董事负责体制，健全"选育管用"干部管理体系，任期制与契约化管理全面覆盖中层及以上干部。实施跨项目、跨国家、跨通道大范围选贤任能，全年调整任用中层干部121人，调整幅度达四分之三，营造五湖四海、干事创业的良好氛围。高效统筹推进，集团公司海外业务体制机制优化调整全面落地。

【合规治企】 2022年，中油国际管道公司建立三级制度管理体系，着力提升管理制度化水平，召开年中工作会、依法合规治企暨法治建设工作会进行专题部署，一体推进"以案促改、严肃财经纪律、合规管理强化年"专项行动，完成

52项制度修订升级。推行全级次、全领域、全方位合规风险和违法违规问题排查，对229项涉法事项开展合规审查并落实管控措施。开展"转观念、勇担当、强管理、创一流"主题教育活动，实施八大特色活动16项具体举措，举办9期"强管理、创一流"论坛，执行董事开讲首课，人人懂管理、人人会管理、齐心创一流的氛围正在加速形成。

【管道运行】 2022年，在LNG价格高企，管道气应输尽输的形势下，中油国际管道公司有效应对新冠肺炎疫情反复、土库曼斯坦气突发停供、乌兹别克斯坦和哈萨克斯坦短供断供等不利因素影响，安全高效利用管存调峰，确保国内天然气平稳供应。跨国调控体系持续优化。优化中亚四国会和中缅协调会机制，高效制定供输气和维检修计划，成立应急协调小组，发挥区域协调机制优势，做到上下游统一步调，内外部信息畅通。创建运行案例库，通过仿真测算优化运行方案，气单耗、亿立方米气机组运行时间等指标逐年向好。加快推进"站控转中控"，21座中亚站场（占比95.5%）完成中控功能测试。设备维护和完整性管理持续加强。完善设备全生命周期管理，平稳完成储罐大修、机组大中修、管线内外检测等作业20次，关键设备平均无故障时间提升8%。推动哈萨克斯坦运行维护模式优化，推动签订压缩机长服合同，进一步确保机组的可靠性并切实降低运维成本。深化完整性管理系统应用，建立完整性管理标准。坚持"一区一案"，加强伊江（伊洛瓦底江）穿越、海底管道、水工保护等高后果、高风险区管控。推动土库曼斯坦、乌兹别克斯坦、哈萨克斯坦、中国流量计"统一量值溯源"，实现全过程"远程见证"标定。强化上、下载点计量数据监管，中亚气全线输差优于集团控制指标。应急管理水平持续提升。升级应急抢修预案5项，开展应急演练20次，参与国家能源局"海外油气管道泄漏及爆炸应急抢险桌面推演"，应急响应体系及应对能力得到检验。

【提质增效】 2022年，中油国际管道公司推进开源节流降本增效，实现考核口径净利润同比提高6.8%，创历史最好水平。实施六大举措21项措施，降本增效5686万美元。分步搭建涵盖全生命周期、全项目公司的一体化管输费管控平台，管输费统筹管理和经济决策支持能力进一步增强。中乌天然气管道合资公司（AGP）提前还款，为在2023年6月提前5年全面清偿贷款奠定基础；中乌天然气管道合资公司（ATG）大力协调，实现增值税现金退税；哈萨克斯坦南线天然气管道合资公司（BSGP）建立管输费清收机制，应收账款余额同比下降1亿美元。哈萨克斯坦西北原油管道合资公司（MT）和中哈天然气管道合资公司（KCP）抓住哈油东输有利时机，实现西北管道和K-K管道输油分别同比增长 31.2% 和 26.3%，均创历史最高纪录。东南亚天然气管道有限公司（SEAGP）和东南亚原油管道有限公司（SEAOP）有效应对制裁风险，利润及现金贡献持续稳定。完善项目公司盈余现金分配机制并推动应分尽分。中塔天然气管道有限公司（TTGP）和中吉天然气管道有限公司（TKGP）优化境外人员安排、精准管控管理费用，中亚香港实现同口径同比减亏，新疆公司增收 681 万元，实现自负盈亏，中油国际管道公司继续实现合并盈利。

【重点工程建设】 2022 年，中油国际管道公司推进重点工程建设，提前建成哈萨克斯坦南线 150 亿米^3/年输气能力。组织召开 7 次由中外方股东、合资公司和承包商等相关单位共同参加的项目协调推进会，强化节点控制，优化运输线路，应用"云审批"系统加快详细设计及审批速度，稳妥应对商务风险，高质量完成概算批复、补充协议签订、施工许可办理。克服众多困难，12 月 15 日首台压缩机组点火成功，提前 2 周实现进气目标。

【新项目前期】 2022 年，中油国际管道公司推进中亚天然气管道新项目建设，组建新项目建设指挥部，统筹谋划协调全局，高质量完成"幸福之路"一体化可行性研究管道分报告，关键路径和刚性工期论证成果获集团公司认可并予以明确。组织各方力量，围绕智能管道、绿色低碳、五新应用、装备国产化、创优统筹、建管模式，系统研究跨国管道技术与管理提升方案，夯实新项目高标准建设的基础。各专业稳步推进新项目准备，协议修订、投资优化等工作有序开展。

【QHSSE 建设】 2022 年，中油国际管道公司 QHSSE 指标持续优良，实现"三个零"和"五个杜绝"的安全生产目标，获集团公司质量健康安全环保节能先进企业，中缅项目社会安全管理获公安部、国务院国资委主办的全球公共安全合作论坛"海外安防优秀实践奖"，中缅项目马德岛首站生产运维班组获集团公司"质量先进基层单位"，中乌天然气管道 WKC3 压气站获集团公司"HSE 标准化先进基层单位"。在中油国际管道公司"三定"方案确定后，及时修订 HSE 管理体系并通过年度认证复审。加强隐患源头治理，全覆盖辨识并有效管控 38 项中高风险，对中亚和缅甸 43 处现场开展"四不两直"云端安全生产大检查，7 大类 731 项问题全部整改完成。全面启动"健康企业"建设，制订"一对一"健康干预及监测方案，员工年度体检合格率提升 5.2 个百分点；加强海外健康风险管控，完善"驻点医生 + 远程会诊"双重咨询诊疗模式。面对哈萨克斯坦"1·5"事件、缅甸莱比塘铜矿事件等社会安全风险，工作专班高效决策、稳健应对。哈萨克斯坦地区进一步完善社会安全突发事件专项应急预案，中缅项目升级社会安全管理，为全部 59 个阀室安装安全防护罩，增聘国际安全官。在集团公司社会安全管理五维绩效考核中，获评最高等级"卓越级"。成立双碳工作领导小组，系统规划绿色低碳发展阶段性目标、主要技术路线、低碳管理体系以及低碳人才培养。开展环境合规性评价，完善环境管理方案，应用仿真模拟优化全线压缩机开机方案，减少二氧化碳排放1.97万吨。

【人才强企】 2022年，中油国际管道公司推进创新和人才双轮驱动，实现改革三年行动全面收官，高质量完成5个方面94项改革任务，组织改革成效"回头看"，确保改革举措落地见效。落实人才强企全生命周期管理，制订人才强企工程行动实施方案，系统推进人才强企6个专项工程在海外落地，相关工作成果在集团公司人才强企推进年启动会上交流分享。以"三个一批"为重点，深化预备队和战略预备队建设，开展第三批次优秀年轻干部专项选拔，10名"80后""90后"走上领导岗位，10名青年人才动态充实储备一批、培养一批。挂牌成立亚洲首个国际能源工程师评价认证中心，首批24名学员通过认证并获国际能源工程师资质。挂牌成立云南培训基地，建成本部智慧教室，深度开发3E人力资源价值评价、SPI（中油国际管道公司）BEST领导力模型测评工具。成立高级职称评审委员会，完成45名副高级职称评定。推荐2名青年员工获聘集团公司技能专家、3名青年员工入选"青年科技人才培养计划"、1个创新项目获得技能人才创新基金支持。组织青年员工参加集团公司创新大赛，获专业组一等奖、二等奖各一项。

【科技创新】 2022年，中油国际管道公司推进关键核心技术攻关，完善技术支持体系，开展25项科技项目开题论证，推动3项企业技术标准转化为吉国国家标准，参编标准《进入天然气长输管道的气体质量要求》获中国标准创新贡献二等奖，作为唯一海外单位在集团公司国际标准化工作推进会上交流中国标准"走出去"实践经验。获中油国际公司科学技术进步奖3项、技术创新优秀成果1项，申请专利6项、软件著作权5项。完成网络安全运营平台一期建设，全年监测网络风险301万次，取得"零失分""零通报"优异成绩。完成6项业务系统"等保2.0"复测与认证，完成信息技术服务管理ISO 20000体系和信息安全管理ISO 27001体系的认证及复审。完成数字化转型顶层设计，规划三大转型场景23个子场景。运销商务综合管理系统、应急管理系统上线，不断升版SPI系统，完成81项业务流程E化。BSGP巴站扩建数字化交付平台成功上线，开启工程建设项目数字化实践先例。

【经营管理】 2022年，中油国际管道公司夯实股东行权基础，优化并固化4项工作机制，在业务层面优化常态化联络和内部协同机制，在决策层面优化信息研判和分层级会晤机制，以结果为导向提高行权效率。正式启用集团公司电子采购系统2.0，实施"框架协议+电商订单"采购方式。坚持应招必招，单一来源采购金额总占比同比下降17.7个百分点。ATG成功争取乌兹别克斯坦采办新政临时豁免，及时签署重大紧急合同，保证生产经营正常开展。跟踪研究管道沿线国家政治经济形势及国际热点事件，编制重点问题专题研究报告，为中油国际管道公司发展提供决策支持。获石油石化企业管理创新优秀成果3项、优秀论文8项，其中一等奖3项、二等奖6项。抓实抓细保密工作，印发9项保密制度，有效加强保密管理，在集团公司保密检查中获评"优秀"。

【企业文化建设】 2022年，中油国际管道公司抓好宣传和企业文化建设，提升对内对外影响力。以"同心圆"为文化引领跨文化融合，完善企业文化体系，缅甸跨文化融合工程三年实施成果得到上级认可，成为国务院国资委认定的首批3家央企跨文化融合示范项目之一，研究成果《企业本土化传播策略研究（缅甸篇）》成为国务院国资委官方策略参考。立足海外社交媒体平台，举办"CNPC青年短视频挑战赛"，开展"缅甸创新创业训练营"线上研讨班，推出《逆流而上》等4部中缅双语作品。建成曼德勒丝路书屋，塔什干、布哈拉及阿拉木图3个"中国书架"，出版《管通未来》中俄双语版。开展建团100周年系列活动，举办中国石油"一带一路"国际合作青年故事会。注重品牌形象建设，聚焦党的二十大、主题教育、冬季保供等生产经营重点，精心策划发布内网专题10个、微信专题127期，在主流媒体刊发稿件72篇。《一条管道的冰雪梦》获集团公司优秀作品奖，《新形势下中国石油在"云端"开展国际传播的探索与实践》入选国务院国资委品牌建设典型案例。树立先进典型发挥榜样力量，完善先进典型选树培育机制，评选冬季保供及年度先进集体和先进个人，联合《中华儿女》杂志开展"一带一路"青年英才系列报道，用先进事迹凝聚人心、鼓舞士气。发挥职代会和群团组织作用，常态化开展"我为员工办实事"活动，持续改善国内外员工办公环境和生活后勤条件，广大干部员工的幸福感不断增强。组织线下+线上植树活动，获中国绿化基金会"我为碳中和种棵树"公益活动先进集体。

【党建工作】 2022年，中油国际管道公司把学习宣传贯彻党的二十大精神作为首要政治任务，落实"第一议题"制度，第一时间学习传达大会精神。党委先后组织11次学习和专题研讨，各级党组织多层次全覆盖开展学习研讨159次，宣讲58次，宣传报道60篇，形成全面学习宣传贯彻党的二十大精神的浓厚氛围。克服新冠肺炎疫情影响，举办第一次党代会，完成两委换届选举，明确未来五年重点任务。推动党的领导深度融入企业模拟法人治理，切实将党中央精神和集团公司党组部署落实到公司重大事项决策中。完善党委会议事规则和决策程序，印发新版"三重一大"决策制度和"党委前置研究讨论重大经营管理事项清单"，上线集团公司"三重一大"决策和运行监管系统。强化党建"三基本"建设，出台党组织委员履行党建工作"一岗双责"指导意见，完善党建工作责任制考核评价体系。完成三年创建、三年创优的"六个一"党支部建设工程，树立示范党支部13个。推动全面从严治党向纵深发展、向基层和海外延伸，健全监督体系，加强各级"一把手"监督，做深做实政治监督、日常监督、专责监督，有效提升监督成效。切实把巡视巡察问题整改作为强化政治担当、经受组织考验、深化思想洗礼、提升作风形象、推动改革发展的宝贵机会，努力做到立行立改、坚决纠正。深化党风廉政建设，召开党风廉政建设和反腐败工作会议，层层签订党风廉政建设责任书，履行党风廉政建设"一岗双责"，开展"反围猎"专项行动，召开警示教育大会，推进以案促改，实现廉政教育常态化和制度化。印发《海外项目廉洁风险防控指导意见》，在哈萨克斯坦4个合资公司建立反腐败机制，完善反腐败制度，廉洁风险防控向海外延伸取得进展。

【科学防疫】 2022年，中油国际管道公司坚持员工生命至上的原则，因时因势优化调整防控措施，统筹部署新冠肺炎疫情防控和员工关爱工作，稳健应对国内外多轮疫情冲击。在缅甸方向开辟"绿色通道"和陆路回国通道，在中亚方向打通22条回国线路，实现超期在岗一年以上员工动态清零。全年未发生一起聚集性疫情，国内外员工生命安全和身心健康得到有效保障，生产经营大局稳定。

（杨　帆）

中石油阿姆河天然气勘探开发（北京）有限公司

【概况】 中石油阿姆河天然气勘探开发（北京）有限公司（简称阿姆河天然气公司）是中国石油天然气集团有限公司的下属一级企业，2007年9月成立，主要负责土库曼斯坦阿姆河右岸天然气勘探开发项目的组织与实施。阿姆河右岸天然气勘探开发项目是中土两国在能源领域合作的一个重大项目，也是中国石油迄今为止境外陆上最大规模的拥有100%权益的天然气勘探开发合作项目，也是中亚天然气管道的主供气源地。

2007年7月17日，中国和土库曼斯坦签署《产品分成合同》和《天然气购销协议》，两国天然气合作正式开启。15年来，阿姆河天然气项目集合众人智慧，攻克一项项世界级技术难题，在卡拉库姆沙漠腹地建成现代化天然气勘探开发系统。同时，中土天然气合作促进了当地经济社会进步，直接为土库曼斯坦创造数万个就业机会。阿姆河项目被土库曼斯坦时任总统库尔班古力·别尔德穆哈梅多夫誉为"中土能源合作的典范"。

2017年7月，集团公司组建中油国际中亚地区公司，将阿姆河天然气公司纳入中亚地区公司管理。2021年4月，集团公司组建油气新能源板块（油气子集团），阿姆河天然气公司划归油气新能源板块管理。

2022年底，阿姆河天然气公司按照集团公司海外业务体制机制调整意见及"三定"规定，率先启动并完成职能、机构、人员调整，本部设置职能部门10个、直属机构7个、二级单位6个，中方人员均控制在编制职数内。

2022年，阿姆河天然气公司认真学习贯彻习近平新时代中国特色社会主义思想和党的二十大精神，深入践行习近平主席"加强能源合作，造福中土人民"重要题词精神，坚决落实中央、党组决策部署，围绕建设世界一流天然气合作项目，全面做好生产经营、安全环保、疫情防控、队伍建设工作，成功组织15周年大会，回顾发展成果、总结发展经验、凝练"四为精神"，发展基础更加坚实，业绩效益再创新高。

【油气勘探】 2022年，通过新增、复算，阿姆河天然气公司新增地质储量422.67亿立方米，新增EV储量253.52亿立方米，超额完成年度SEC份额储量接替率。高质高效完成测录井作业、储量升级管理、井位论证、钻井许可申请及课题研究等各项工作，为完成阿姆河天然气公司"6·30""9·30"双节点工作打下坚实基础。特别是针对西部层状气田整体有效储层钻遇率低的问题，落实"转观念、勇担当、强管理、创一流"主题教育活动精神，成立地质、开发、工程一体化随钻跟踪小组，发挥部门管理职能和前后方联动机制，加强随钻对比工作，提前预判现场层位变化，及时提出合理化建议、加迪恩（Gad）、北加迪恩（NGad）气田有效储层钻遇率由最初的32%提高到77%，NGad–102D井XVm层有效储层钻遇率95%，为该气田的高效开发提供产能基础。

【油气开发】 2022年，阿姆河天然气公司以新区上产、老区稳产、措施增产为重点工作，推进气田开发方案编制和审批工作，通过资源国天然气康采恩审批的气田开发（调整）方案7个，4个气田开发（调整）方案完成多轮次问题答复，具备审查答辩条件。新井投产15口，其中新投产区块的B区西部气田新增产能470万米^3/日。加强动态分析工作，按照"一藏一策""一井一策"要求，制订气井月度合理配产方案，优化气井冬季配产，控制气田产能递减率，减缓产量递减，A区主力气田萨曼杰佩气田产能年递减率约19%，B区主力气田别列克特利、扬古伊、恰什古伊气田地层压力年递减率6%—8%。注重措施增产工作，多轮次措施井筛选及论证，现场实施补孔、酸化措施作业3口，合计增产698万立方米。详细制订气井动态检测和流体分析计划，完成产能+压力恢复+静温压监测21井次、静温压监测77井次、产气剖面监测16井次、油套管腐蚀检测4井次，完成1852井次流体化验分析。

【**天然气生产与保供**】 2022年，阿姆河天然气公司天然气产量创历史新高，冬季保供超4000万米^3/日极限供气量天数33天，超过上个保供周期15天。年初制订全年和冬季保供生产的三十条行动方案，采取加快B区西部气田投产、加强气井酸化增产作业、加大稳油增产力度等措施，提高全年产能。进行生产检维修系统一体化改革，破解人员不足、人员专业局限、审批程序复杂等问题，提高生产运行工作效率和质量。为提高产量，处理厂采取轮替单列检修方式替代全停检修，实际增加全年生产时长7天。实施6条管道内检测及1条管道外检测，通过操作优化将每条管道内检测作业周期从23天降至4天。进行冬季保供机制创新，土库曼斯坦首都和现场双外联机制确保阿姆河右岸、康采恩双气源冬季保供供气稳定。甲乙方一体化冬季保供周会制度、甲乙方一体化应急响应制度为及时解决保供问题提供保障。2022年冬供中遭遇土库曼斯坦40年不遇低温，组织因低温造成设备故障的抢修工作，并支援土库曼斯坦天然气康采恩解决康采恩复兴气田冻堵停运故障，保持冬季保供期间稳定供气。

【**发展战略与规划计划**】 2022年，阿姆河天然气公司提出建设世界一流天然气合作项目目标，制定"13456+N"（1是坚定建设世界一流天然气合作项目目标，一往无前不动摇；3是"三步走"总体规划；4是实施创新、资源、数字化和绿色低碳"四大战略"；5是做好党建优势、一体化优势、安全生产优势、低成本优势、国际化优势"五个巩固"；6是做好外联有效性、管理水平、市场能力、人才队伍建设、风险防控能力、品牌影响力"六个提升"；N是实施51项重点工作）总体建设思路、"三步走"战略规划：2025年，初步建成世界一流天然气合作项目，立足项目高质量发展迈出第一步；2035年，全面建成世界一流天然气合作项目，拓展新项目、新业务、新领域巩固第二步；2042年，形成稳定的业务链和效益增长点，深度介入、深入融合、共赢发展推进第三步。

2022年，阿姆河天然气公司加强工作计划与预算的管理，压减无效和低效投资，优化投资结构，强化投资执行的管理和控制，完成投资2.51亿美元。加强项目前期管理，根据阿姆河右岸B区东部区域地质研究取得的进展，组织编制《塔加拉和东库瓦塔格气田开发可行性研究报告》，经内部决策通过后报中油国际公司审批。根据中油国际公司的安排，对土库曼斯坦新能源政策环境、资源状况、发展情况进行调研，完成《阿姆河天然气公司海外"十四五"及中长期新能源专业规划报告》。

【地面工程建设】 2022年，阿姆河天然气公司重点工程建设有序推进。B区西部气田项目施工期间面临疫情形势严峻、人员动迁困难、铁路运输限装、边境口岸拥堵、清关困难、施工区域广等诸多不利因素，发挥集团公司在土库曼斯坦甲乙方一体化优势，实现各环节提速增效，B区西部气田项目主工艺流程及第一批10口单井比原计划提前95天完成建成投产，第二批4口单井按计划建成投产。6月26日，土库曼斯坦总统带领内阁成员亲临现场，高度赞扬中国石油建设高速度与高质量，为两国开展更深入合作奠定坚实基础。5月30日，皮尔古依集气站水处理二期工程全面建成投产，增加气田污水处理能力900米^3/日，解决B区中部气田产水量大、水处理能力不足瓶颈问题。B区中部气田Bush-102H单井工程11月7日建成投产，增加天然气产能8万米^3/日。

【钻井与完井工程】 2022年，阿姆河天然气公司把安全生产、科技创新、强基合规、绿色增效作为井筒专业实现一流突破的关键推动力，开展组织保障科技提速活动，提前完成阿姆河天然气公司"6·30""9·30"双节点工程的各项指标，以建井周期为主要考核指标的生产效率大幅提高。

钻井工程方面，动用钻机6部，新开钻9口井，完钻7口井，完成钻井进尺25200.33米，钻井成功率100%，井身质量合格率100%，固井质量合格率100%。平均机械钻速5.14米/时，钻机月速1205.6米/月。钻完井周期65.76天，同比减少13.91天，提速17.5%。

完井工程方面，动用钻机6部（原钻机试气）、修井机2部，完成新井测试完井和生产措施作业共16口（其中新井12口、生产井措施作业4口），累计获测试日产天然气32.06万立方米。完成酸化施工作业14井次，注入酸液总量1867.6立方米，累计日增产天然气83.9万立方米。

井下作业测试资料全准率100%，安全隐患治理成功率100%，措施有效率100%。

【新项目开发】 2022年，为贯彻和落实中土两国元首关于扩大能源领域战略合作达成的重要共识，推动中土天然气合作取得新突破，按照中土天然气合作政企联合工作组商定的工作安排，2021年7月，集团公司成立中土天然气合作企业间工作组（天然气贸易组、复兴气田二期组、D线建设组），先后与土方举行20余次会谈，其中线下会谈4次。会谈期间阿姆河天然气公司成立中土天然气合作支持保障工作小组，工作组由外联部、法律事务部、综合办公室等部门代表组成，工作小组统筹协调在土库曼斯坦相关工作，保障谈判顺利进行，取得阶段性成果，助力中土天然气合作扩大规模和体量。

【经营管理】 2022年，阿姆河天然气公司开展"量、价、本、利、区、季"动态经营策略研究，针对B区天然气价格略高及成本池尚未完全回收的情况，通过加大B区输气量来增加收入加快回收，确保全年经营指标完成。提前谋划，多次组织相关会议讨论研究，完成《B区西部气田建设投资及运行费用分配报告》，按照产品分成合同及合规管理要求，对B区西部气田发生的开发费、操作费按比例分配，避免产生回收风险。制定《工作量确认单AKT管理办法》，明确业务部门工作管理责任，规范工作量确认业务，降低税务审计风险。编制2022年提质增效价值创造行动方案，聚焦"稳增长"，确保产量稳中有升；聚焦"提效率"，提升生产运行效率；聚焦"强基础"，筑牢高质量发展基础；聚焦"控风险"，守住不发生重大风险底线，提出并落实21项提质增效具体措施和4项保障措施。通过开展提质增效工作，全年增加中方收入7000余万美元，控减成本4000余万美元，控减投资2000余万美元，整体现金流增效超过1.4亿美元。压实责任，狠抓落实，全面超额完成上级单位下达的年度经营指标，收入、利润、现金流等各项指标均创历史新高，稳居集团公司海外业务前列。

【新冠肺炎疫情防控】 2022年，阿姆河天然气公司建立基层、中方骨干团队支部、中方骨干团队"三级关心关爱员工"机制，落实集团公司"双稳"和员工动迁双向"零输入"要求，持续开展新冠肺炎疫情防控"网格化"管理，补充采办足够的疫情防控资源，制定"一地一策"的疫情防控策略，所有公共场所定时消杀，关注重点人员和人员密集生产场所疫情防控措施的落实，密切监督、督促员工持续加强疫情防控意识。联系中国驻土库曼斯坦大使馆，实现中方人员疫苗接种全覆盖。与各方协调，通过包机或转机，动迁人员987人次，极大缓解因疫情防控使中方人员不能正常休假的巨大压力。全年未发生岗位集聚性疫情传染，保障天然气生产平稳运行。

【QHSSE管理】 2022年，阿姆河天然气公司坚持"以人为本、安全第一、环保优先、质量至上"的QHSE管理理念，实现"零事故、零伤害、零污染""零缺陷"和 6 个"杜绝"的年度管理目标。创建阿姆河天然气公司质量管理体系，落实集团公司质量和计量管理规定，严格选择专业承包商和监理公司，严密监督建设过程，实现基建工程一次验收合格率 100%。实现天然气、凝析油、硫黄生产质量合格率 100%。开展生产系统隐患识别和风险治理等各种 QHSE 专项活动，投入资源落实基层站队标准化建设；各级领导进行安全环保大检查 1348 次，属地单位整改典型安全隐患 2336 项。查处交通违章 22 起，举行各种应急处置演练 156 次，培训人员 17193 人次。生产生活废弃物由所在国政府授权的承包商处理，所有新增作业获取政府环评许可。培育安全环保文化氛围，保障安全生产平稳进行。

阿姆河天然气公司成立专班委员会指导职工及家属关心关爱活动，开展健康企业建设，设立 8 个卫生所，4 名国际 SOS 大夫、15 名土方医护人员，保障员工的身心健康。

按照集团公司社会安全"四防"标准建设阿姆河天然气公司场站。聘请 171 名当地国防军对核心资产进行保卫，聘请 120 名专业保安负责其他场站警戒，确保人员和财产安全。

【合规管理及风险防控】 2022 年，阿姆河天然气公司开展"合规管理强化年"暨法治建设示范项目创建活动，以"决策前置、管理前延、把关前移"为重点，逐步完善"业务部门—专业工作委员会—公司决策会议"三级决策管理体系，充实调整 27 个专业工作委员会，提高决策质量和效率。完善"三重一大"决策制度和权责清单，编制法律风险手册、产品分成协议责任义务清单，梳理 26 大类法律风险 200 余项，公司层面 197 项和业务层面 798 项风险事项，编制 2023 年度重大风险评估暨风险管理报告，防范重大经营风险。组建内控和审计部，整合强化内控、审计等监督力量，开展历年内控审计问题"回头看"，对经营管理核心团队进行集体警示教育，树牢拒腐防变的思想防线、法纪防线，确保发展安全。

【人才强企】 2022 年，阿姆河天然气公司按照集团公司"人才强企工程推进年"安排部署，围绕建设世界一流天然气合作项目战略目标，突出抓好"三强"干部队伍锻造、落实人才发展机制等关键任务，推动"人才强企"工程取得新成效。注重突出政治标准，选拔使用担当作为、苦干实干，基层历练扎实、实践经验丰富，专业技能高强、工作业绩突出的干部，提拔使用 2 名副总师、10 名二级正和 17 名二级副领导干部。注重完善"生聚理用"人才发展机制，重视青年干部培养，举办为期 3 个月的首届年轻干部培训班，为提升年轻干部管理水平打下坚实基础；发挥集团公司一体化优势，加强人才轮换和人才引进，轮换回国员工39名，新上项目员工28名，进一步改善人员结构，推动人才队伍可持续发展。

【数字化建设】 2022年，阿姆河天然气公司贯彻落实集团公司、中油国际公司数字化转型、智能化发展各项决策部署，锚定高质量发展、创一流目标，将数字赋能工程作为创建世界一流天然气合作项目的四大战略举措之一，聚焦数据资产化能力提升、生产运营管控能力提升和网络基础设施能力提升，坚持统筹协调、顶层设计，定位高远、实现突破，解决问题、见到实效，创造价值、赋能品牌4个方向定位，落实数字化转型、智能化发展试点任务，按照《集团公司数字化转型、智能化发展指导意见》优化完善《阿姆河天然气公司数字化转型、智能化发展实施方案》，组织推进实施数字赋能工程。依托B区西部地面工程建设项目，基于地面工程数字化交付为数据底座，开展智能自控集成物联网平台、设备设施全生命周期管理平台和智能集成应用平台建设，构建生产运行总况、设备设施总览、报表智能计算统计、故障预警、智能巡检、仿真操作培训、设备设施预防性维护等应用场景，初步建成基于"一网一云一平台"（一网指统一一张通信网络，涵盖生产网、办公网、互联网；一云指一朵公司统一的基础设施云，包括计算资源、存储资源和网络资源；一平台指数字化工作平台）的数字孪生工厂，实现生产运行可视化、数字化、一体化运行管控，生产运营管控能力得到进一步提升，数字化赋能工程取得显著阶段成效。

【扩大在资源国的交流】 2022年3月、10月土库曼斯坦举行国际油气大会，阿姆河天然气公司作为赞助商之一支持土库曼斯坦国际油气大会的举办，集团公司总经理侯启军、副总经理黄永章，阿姆河天然气公司总经理陈怀龙应邀参加会议，并在大会作主旨发言，获主办方和与会国际油公司的高度认可，体现中国石油对合作伙伴组织主场大型国际活动的支持，提升伙伴间的友谊，同时增进阿姆河天然气公司在资源国的知名度和美誉度。2022年，阿姆河天然气公司总经理陈怀龙参加土库曼斯坦独立日、中立日、宪法日、新年等新闻采访活动，对阿姆河天然气公司进行宣传，体现对资源国国情的尊重，为阿姆河天然气公司在土库曼斯坦健康持续发展奠定基础。多次组织土库曼斯坦官方网站和纸媒体对阿姆河天然气公司进行宣传介绍，扩大中国石油品牌的影响力。

【在土企业协同发展】 2022年，阿姆河天然气公司同中国石油其他驻土库曼斯坦企业共举一面大旗，发挥一体化优势，按照"1+6"（"1"为大党建引领，"6"为大安全、大健康、大环保、大外联、大后勤、大人力）总体工作原则，坚持发展共谋、项目共建、责任共担、成果共享、合作共赢的"五共方针",持续推进集团公司在土库曼斯坦全产业链、国内外、甲乙方、中土方"四个一体化统筹",有力促进生产、管道运输、贸易、金融、工程服务"五位一体"综合性格局的形成。在土库曼斯坦企业集中各方面优势资源,为巴格德雷合同区块、土库曼斯坦复兴气田、里海项目提供上下游、全链条技术支持和服务,协同发展,在安全、健康、环保、外联、后勤和人力资源等各个领域均取得了较好的业绩,确保了集团公司整体利益最大化,持续为中土合作大局作出贡献。

（陈　龙　刘铭初）

中国石油俄罗斯公司

【概况】 2007年9月,集团公司成立中俄合作项目部。2014年4月,集团公司批准中俄合作项目部加挂中国石油天然气集团公司俄罗斯公司牌子。11月,集团公司撤销中俄合作项目部,俄罗斯公司单独列入集团公司直属企事业单位序列,行政由集团公司直接管理,业务归口海外勘探开发分公司管理。2017年7月海外油气业务体制机制改革,中国石油天然气集团公司俄罗斯公司更名为中国石油国际勘探开发有限公司俄罗斯公司（简称中油国际俄罗斯公司）,归中国石油国际勘探开发有限公司管理。2018年9月,中油国际俄罗斯公司整体前移俄罗斯莫斯科办公。中油国际俄罗斯公司作为中油国际公司的派出机构,在中油国际公司授权范围内,承担俄罗斯地区业务协调、管理、监督、服务等职能,重点负责授权范围内项目运营的协调和支持、公共关系、HSSE监督、股东事务等工作,并作为集团公司俄罗斯地区企业协调组组长单位,负责指导和监督集团公司各驻俄企业生产经营和健康安全环保工作。

2022年6月,根据中国石油海外业务体制机制优化调整意见和集团公司批复的"三定"方案,中油国际俄罗斯公司更名为中国石油俄罗斯公司（简称俄罗斯公司）,定位为海外国别公司,列一级企业管理,业务由中油国际公司归口管理。截至2022年底,有员工48名,含8名外籍员工,设综合管理部（人力资源部）、法律和股东事务部、企业文化部、勘探和生产部、计划财务部、销售采办和海运部、工程建设和LNG设施运营部7个部门，实行一体化运营模式，设立一套中方机构，管理亚马尔LNG项目、北极LNG2项目和中油国际（俄罗斯）投资公司，管理总资产89.92亿美元。

2022年，俄罗斯公司应对外部经营环境变化，坚持依法合规治企和强化管理，开展"转观念、勇担当、强管理、创一流"主题教育活动，组织新冠肺炎疫情和社会安全防控，推进实施提质增效举措，做好生产经营和股东行权管理，各项工作取得显著成果。亚马尔LNG项目实现中方账面权益净利润超过20亿美元，排名集团公司海外项目首位，比计划提前一年完成回收目标，成为集团公司海外首个投产、首个实现回收的液化天然气一体化项目。北极LNG2项目2022年初实现国际银团融资关闭，工程建设整体进度完成75%。

俄罗斯公司亚马尔LNG项目主要生产经营指标

指标	2022年	2021年
天然气作业产量（亿立方米）	321.20	300.17
天然气权益产量（亿立方米）	64.29	60.08
凝析油作业产量（万吨）	81.8	88.87
凝析油权益产量（万吨）	16.36	17.78
LNG作业产量（万吨）	2102.9	1951.00
开发井（口）	200	180

【勘探开发】 2022年，亚马尔LNG项目加大勘探力度，利用夏季窗口期高质量完成东南水域145平方千米三维地震采集，为落实白亚系扩边储量和摸清侏罗系地质储量打好基础。优化侏罗系探井井位和地质设计，178探井钻遇有效储层厚度42.8米，进一步证实南部穹隆潜力。中穹隆侏罗系8口试采井完钻5口，钻遇有效储层厚度59—81米。侏罗系勘探和试采新增天然气地质储量2380亿立方米、凝析油地质储量6217万吨。2022年侏罗系试采井生产天然气4.41亿立方米、凝析油9.53万吨。亚马尔LNG项目全年完成油气作业产量当量2636.6万吨，油气权益产量当量527.7万吨，首次突破500万吨，超产41.2万吨；天然气作业产量321.2亿立方米，超产26.2亿立方米；凝析油作业产量81.8万吨；LNG生产线未发生故障停车，装置运行时率100%，产量2102.9万吨，首次超过2000万吨。全年动用钻机7部，开钻25口、完钻25口、完井25口（含5口侧钻井），年进尺114850米，累计钻机59.85台·月，单井平均

钻机 2.39 台·月，平均 1919 米/（台·月），投产新井 16 口。

北极 LNG2 项目编制完成第二版地质模型和水动力模型，完钻开发井 77 口，新井水平段平均长度 1500 米以上。按照试气结果，平均单井日产气 63 万立方米、凝析油 67 吨，产量指标超出设计水平。2022 年动用 5 部钻机，完钻开发井 21 口，完成进尺 87590 米。

【工程建设】 2022 年，亚马尔 LNG 项目完成增压站燃气轮机替代方案研究，并签订燃气轮机采购和施工合同；启动 2 号甲醇装置建设，截至 2022 年 12 月底，总体建设进度完成 65%。

北极 LNG2 项目工程建设稳步推进。一期模块全部安装至混凝土重力式平台，一期 LNG 生产线整体调试完成 45%；二期模块基本建设完成。截至 2022 年 12 月底，北极 LNG2 项目总体建设完成 75%，其中一期完成 95%，二期完成 80%，三期完成 40%。

为应对西方对俄罗斯技术封锁，俄罗斯公司协调推动引入中方资源，推动集团公司内部企业参与亚马尔 LNG 项目和北极 LNG2 项目备品备件采购及北极 LNG2 项目替代方案设计研究，协助北极 LNG2 项目签署燃气轮机等关键设备采购合同，保障北极 LNG2 项目核心设备及时到位；协调中国船运公司，推动落实中国模块厂二期模块运输工作；续签亚马尔 LNG 项目运营期保险合同、修订北极 LNG2 项目建设期保险合同。

【销售海运】 2022 年，有 15 艘 ARC7 冰级 LNG 运输船、11 艘常规 LNG 运输船、2 艘凝析油运输船参与俄罗斯公司亚马尔 LNG 项目运营，销售 210 船长贸 LNG1470 万吨，71 船现货 LNG499 万吨，19 船凝析油 78.18 万吨。有 68 船 LNG 运抵中国大陆。受美西方对俄罗斯制裁的影响，俄气销售贸易（新加坡）公司 290 万吨长贸协议执行受阻，俄罗斯公司推动中国石油国际事业公司签署 50 万吨/年 LNG 增供协议，当年有 3 船增量 LNG 运抵中国。2022 年，集团公司承接亚马尔 LNG 项目 59 船 LNG，其中向中国供应 55 船约 54 亿立方米天然气，有效缓解国内天然气保供压力和控制购气成本；2022 年，亚马尔 LNG 项目继续在泽布吕赫（Zeebrugge）港进行船—罐—船或船—码头—船的转运作业，完成 41 次船对船转运。签署亚马尔 LNG 项目 2023 年度 LNG 现货购销确认函，明确集团公司承接项目 LNG 现货比例从 20% 提高至 25%，俄罗斯诺瓦泰克公司承接项目 LNG 现货比例从 60% 提高至 75%。

2022 年，北极 LNG2 项目为应对制裁风险及供货违约风险，签署 LNG 购销协议第一号补充协议和 ARC7 冰级 LNG 运输船船运协议修订协议。LNG 运输船建造整体有序推进，俄罗斯星星船厂和韩国大宇船厂分别有 6 艘和 5 艘 LNG 运输船开始船体建造。签署 ARC7 冰级凝析油运输船长期租赁协议，广船国际有限公司和中国远洋海运集团有限公司分别担任船厂和船东。完成转运站浮式储罐船东重组，推进浮式储罐建设。

【项目融资】 2022 年，俄罗斯公司完成北极 LNG2 项目国际银团融资关闭。经过长达 2 年时间谈判，北极 LNG2 项目分别于 2021 年 4 月和 2022 年 1 月实现俄资银团和国际银团融资关闭，累计提款 68.88%，集团公司提前回收股东贷款本息 1.61 亿欧元。为适应因美国、西方制裁导致的俄罗斯内外部金融环境变化，调整股东出资计划，搭建全新资金结算路径和变更支付币种，全年完成股东出资 6 次，保障项目建设资金需求。

【股东事务】 2022 年，俄罗斯公司在项目建设、生产运行、运输销售、股东出资、股东担保、投入回收等各环节履行股东行权管理，提升行权效率，有效维护中方股东利益。亚马尔 LNG 项目召开股东大会 4 次，审议议题 8 项，召开董事会会议 49 次，审议议题 178 项，召开顾问委员会会议 15 次。北极 LNG2 项目召开股东大会 8 次，审议议题 11 项，召开顾问委员会会议 13 次。俄罗斯投资公司举行股东大会 4 次，审议议题 8 项。俄罗斯公司研讨和审议各项议题，严细履行中方行权管理职责，组织与项目股东俄罗斯诺瓦泰克股份公司、法国道达尔能源公司、中国海洋石油集团有限公司、日本财团沟通协商重大问题，推进股东决策事项的审核批准；根据中油国际公司委托授权，完成亚马尔 LNG 项目股东财务审计。

【企业管理】 2022 年 2 月 24 日乌克兰危机爆发，2 月 25 日俄罗斯公司启动风险防控应急响应机制，成立工作专班，加强组织保障和信息跟踪，及时分析研判制裁动向，开展制裁形势下多层次多维度合规管理工作，组织开展应对制裁专项讨论数十次，累计报送 35 个专题报告、88 期专班日报、42 期专班周报，有力支持上级决策。对内与集团公司和中油国际公司密切沟通，对外通过各层级会议与合作伙伴密切配合，发挥中方股东力量，梳理受制裁影响设备和服务清单，寻求中国替代；协助解决北极 LNG2 项目中国境内设备供应商预付款保函、货款入账等问题，确保设备及时发货，稳步推进北极 LNG2 项目建设；研究亚马尔 LNG 项目还贷资金路径，完成银行账户开立、信息登记备案、法律风险审查等工作，保障分红资金顺利回收；澄清各项合规问题，防范化解项目重大风险。

2022 年，俄罗斯公司强化全面合规管理，组织完成会计核算、资金管理、招标管理、会议管理等 11 项制度文件制修订及宣贯培训；制定俄罗斯投资公司内部劳动规定，完成组织机构、部门设置、岗位职责优化调整，明确当地员工录用、调整、解雇程序；组织实施财务会计信息、产权登记信息、税制预警和税务纠纷、佣金管理、腐败治理、合规风险和违法违规问题等自查自纠，组织开展企业内控体系有效性自查工作，完成发现问题整改；完成俄罗斯投资公司长期债务清理，从根本上解决投资公司因汇率波动造成的亏损问题，规避长期财税和法律风险。完成中俄合作项目部与中油国际公司往来款清理、中俄合作项目部税务和工商注销。

【管理创新】 2022年，俄罗斯公司管理创新工作成效显著，《构建风险管理矩阵，创建海外投资合规示范，商务可行创新创效，破解在俄项目合规困境——以俄罗斯公司合规管理示范创建工作为例》和《基于MM和WACC理论的俄罗斯亚马尔项目"1335"优快投资回收支持体系的构建和实施》分别获2021年度中油国际公司管理创新成果一等奖和三等奖，与中国石油天然气股份有限公司勘探开发研究院联合完成的《深化"一带一路"倡议下北极特大型清洁能源项目合作运营与管理创新》获2022年度石油石化企业管理现代化创新优秀成果一等奖。

【新能源规划编制】 2022年，俄罗斯公司落实集团公司新能源发展理念，提出清洁替代、扩大清洁替代和推动战略接替、实现战略接替和推动绿色发展三个阶段的新能源规划目标并编制规划方案。按照三个发展阶段部署"十四五""十五五"和"十六五"重点开拓方向和重点推进项目，提出新能源业务人才培养建议。

【提质增效】 2022年，俄罗斯公司按照"稳字当头、稳中有进、稳中有新、稳中有精"十六字方针部署提质增效专项行动方案，定期召开专题会议，针对保亿吨权益产量、新项目开发、风险防控、财务运营等重点工作，动态完善工作措施，按月上报落实督办表、措施统计表、工作月报。有效防范化解各类风险，确保亚马尔LNG项目保持高效运行，北极LNG2项目建设稳步推进。

【QHSSE与疫情防控】 2022年，俄罗斯公司科学实施新冠肺炎疫情防控。面对俄罗斯疫情持续高发局面，按照"外防输入、内防反弹"总体工作要求，升级固化"一人一策""一事一策""外事防疫评估"和"分区办公"等疫情防控措施，动态更新疫情期间人员动迁指导手册，提前储备防疫物资，开展员工健康监测、核酸抗体检测等，疫情防控工作整体可控，全年未发生疫情回流。

2022年，乌克兰危机爆发后俄罗斯社会安全风险急剧上升，11月1日集团公司将俄罗斯地区社会安全风险等级由高风险Ⅲ级升级到高风险Ⅱ级。俄罗斯公司制订并动态调整应急转移和撤离方案，印发公司社会安全管理制度、社会安全专项应急预案，签署社会安全责任书。严格落实风险分级防控和隐患排查治理双重预防机制，加强信息收集研判，及时进行安全预警提示，严格外出审批报备制度，全年未发生社会安全事故。

【企业文化建设】 2022年，俄罗斯公司突出学习贯彻习近平新时代中国特色社会主义思想，突出学习宣传贯彻党的二十大工作主线，贯彻落实集团公司决策部署，提升组织凝聚力、干部执行力、队伍向心力、业务成长力，赋能高质量发展，助力"一带一路"油气核心合作区和集团公司世界一流企业建设。

俄罗斯公司作为中俄经贸合作的"压舱石"，坚持用习近平新时代中国特色社会主义思想凝心聚魂，加强思想引领，推进党建"三基本"建设与"三基"工作有机融合，以加强党支部建设为核心，以强化基础管理为重点，以强调持续学习为促进，以提高员工基本素质为根本，开展"转观念、勇担当、强管理、创一流"主题教育活动，弘扬石油精神和大庆精神铁人精神，为员工搭建学习平台、创新平台、成长平台，提升人文关怀，增强队伍凝聚力、执行力、竞争力和成长力。

因地制宜开展重点工作宣传，2022年发表新闻报道30余篇、50000余字、图片50余幅，视频《中石油俄罗斯公司员工向祖国人民拜年·为冬奥加油》在央视播出，俄罗斯公司影像在集团公司展厅和中油国际公司展厅展现。员工黄绪春被评为集团公司第二届"感动石油·巾帼风采"人物。2022年俄罗斯公司获29项先进荣誉，其中6项集体荣誉，23项个人荣誉。

（李宝鑫）

中国石油（伊拉克）鲁迈拉公司

【概况】 2009年9月，集团公司与英国石油公司（bp）通过联合中标并签署技术服务合同，成立由bp主导、中国石油和伊拉克南方石油公司（South Oil Company，简称"SOC"，后更名为巴士拉石油公司，Basra Oil Company，简称"BOC"）参与的鲁迈拉联合作业机构（Rumaila Operating Organization，简称"ROO"），总部办公地点设在伊拉克巴士拉市，伦敦设立鲁迈拉支持组。ROO为项目作业者，2010年7月1日正式从BOC接管油田作业，合同期20年，日均高峰产量285万桶。2018年10月，伊拉克鲁迈拉项目部更名为中油国际

（伊拉克）鲁迈拉公司。2021年，更名为中国石油（伊拉克）鲁迈拉公司（简称鲁迈拉公司）。2022年中国石油与bp组建巴士拉能源有限公司（BECL，分别占股51%和49%），6月1日完成鲁迈拉公司资产交割重组。鲁迈拉油田是一个特大型陆上油田，居伊拉克已发现油田之首，位于伊拉克东南部巴士拉市西65千米，处于阿拉伯地台的美索不达米亚前渊盆地。油田实现年产原油7000多万吨，是伊拉克年产量最大的油田。鲁迈拉项目是中国石油在伊拉克战后第一轮国际招标中中标的项目，项目合同模式为技术服务合同（TSC）。项目在接管当年便实现增产10%初始产量目标，比合同规定提前2年开始成本回收。2011年5月中方实现第一船提油，2016年10月实现静态回收。

2022年，鲁迈拉公司坚决贯彻党的二十大精神，落实集团公司部署，应对新冠肺炎疫情、安全局势、物资清关等诸多现实挑战，全年实现日均产量142万桶，年原油产量重回疫情前7000万吨以上水平，作业产量首次突破5000万吨，权益产量2484万吨；以BECL为平台重新搭建的资金、融资、财税及回收体系运行良好，成本回收进展顺利，全年对母公司现金贡献1.95亿美元，年度实现净利润5.23亿美元，同比增长117%。

【油田开发】 2022年，鲁迈拉公司强化油藏管理，优化开发部署，推进注水工程，落实稳产上产措施，保持生产主动。实现年均日产原油142.0万桶，生产原油7300.2万吨，中方作业产量5252.6万吨，完成板块年度作业产量目标5008.4万吨的105.2%。

鲁迈拉公司深入地质油藏研究，与bp和技术支持团队深度交流，完成油田开发调整方案（ERP）方案的编制和上报。2022年，中方完成ERP方案的专家初审和储量复算审查，方案草稿报伊拉克政府并开展技术交流和探讨。根据各油藏不同开发特征，开展Main Pay油藏剩余油挖潜研究、Mishirif油藏井网完善及加密试验区研究，以及Mishirif油藏产出水回注先导性试验研究。优化新井部署和措施安排，加强油水井动态监测和生产管理。2022年投产新井32口，日均增油2.7万桶，累计增油992.0万桶，新井产量占油田总产量1.9%。实施各类增产措施259口，日增油18.6万桶，累计增油6786.7万桶，措施产量占油田总产量13.1%。实施油井参数优化调整122井次，累计增加产量205万桶。在N-Main Pay、N-Mishirif注水保持良好势头的基础下，推进S-Mishirif油藏注水工作。以油藏为单元制定精细的注水计划、优化注水管理、提高注水效率。注水井开井142口，年平均日注水134万桶，超计划（130万桶/日）运行。

优化调整脱气站维修计划，推动关键设备投产与改造，夯实稳定基础。

2022年完成10站次关站（处理列）大修和38座分离器罐体升级维护，设备稳定性得到有效提升。优化原油处理流程和产出水回灌系统，进一步解除设备处理能力瓶颈、释放受限产能。全面推进污水排放、火炬黑烟和火炬带液治理。DS4实现污水回灌系统全负荷运行，蒸发池污水零排放。开创鲁迈拉油田绿色生产的里程碑，日减少排油300桶。通过增加三相分离器、暂关高含硫高气油比高含水井、推动巴士拉天然气公司设施改造等措施，火炬带液和黑烟排放得到有效控制。

采取有效的提质增效措施，加强修井作业第三方服务的精细管理，切实控制和降低成本，优化修井和无钻机作业流程，提高修井机的使用效率。通过优化修井工艺、提高作业效率、强化环保意识，推动修井作业绿色零排放。修井效率经过持续加强技术和管理水平的提升，平均单井作业时间缩减至17.3天左右。加强井控审核，促进提高钻、修井承包商基层队伍的井控管理水平，确保钻、修井作业安全生产。Mishirif井和Mai Pay井的钻井效率持续维持高水平。2022年完井79口，完钻率136%，完成有效进尺167000米，完成年度进尺计划的123%。

依据联合公司标准、服务合同，以及美国石油学会（API）、国际电工委员会（IEC）等国际标准，对各承包商进行审计。通过审计，确保各承包商设备、井控、HSE、电力安装等方面管理保持高水平，实现联合公司对各承包商现场运营的合规管理，为现场安全作业保驾护航。

【工程建设】 2022年，鲁迈拉公司以安全高质和稳产增效为目标，调整工程实施策略、主动识别生产瓶颈、倾力重点产能项目、持续优化工程节奏，各项目均稳步推进。基础产能工程全年完成各类管线建设共465千米，再创历史新高；新电泵井投产69口，平均投产时间为12天，较2019年（疫情前）缩短26天，在保证稳产目标的同时，创造良好的经济效益。

在重点工程建设方面，电潜泵供电环网一期工程于2022年1月31日实现供电目标，降低运行维护成本，减少碳排放；三号处理站三相分离器新建项目在2022年12月5日竣工投产，有效提升该站湿油处理能力和消除产能瓶颈；Mishirif处理站处理列新建工程实现合同授标，为ERP上产稳产目标的实现奠定基础；采出水处理回注一期工程现场施工全面启动和开展，该项目投产后，将实现鲁迈拉油田采出水回注的开发策略，促进油藏压力回升，减少采出水外排，降低环保风险；加速推进南鲁迈拉七号注水站改扩建工程，尽早开始Upper Shale油藏注水，推进长停井尽快复产，为油田持续稳产提供保障。

【交割重组】 2022年6月1日完成合同权益交割，BCL正式投入运营，取代bp

成为项目主导合同者。项目经营方式发生重大的变化，从原来中国石油和 bp 投入资金，各自提油回收升级为合资经营。BECL 作为独立法人，自我融资，统一提油，自负盈亏，利用利余利润进行分红。资金管现方面启动新的联合作业银行账户，取代英国石油伊拉克 NV 公司账户，并按新的筹款及融资方式提供作业资金。提油方面，按新的原油承销协议，理顺并执行新的提油及销售程序。采办方面，按新的股东协议采办程序，执行合同审批，作业服务合同改由 BECL 签署。组建中方 BECL 财务团队，并按新的交割协议及会计原则开展资金、税务、会计处理及报表管理。按计划推动技术支持中方团队的组建工作，以为项目后期的良性开发和高效运营提供策略建议。BECL 作为新的领导合同者，按 TSC 规定、股东协议程序和授权分工，开展各项日常工作，监管油田日常作业生产。

【经营管理】 2022 年，鲁迈拉公司抓住 BECL 接管的重大契机，发掘项目规模和效益的潜能，深化国际合作，统筹系统布局，经营管理扎实推进。推进各项筹备工作，从法律、商务、后勤全方位出发，按计划完成 BECL 上线运行的各项政策、程序、融资和商务框架等准备工作。6 月 1 日完成交割，由中国石油控股（占股 51%）的巴士拉能源有限公司正式接替 bp 成为鲁迈拉油田的领导合同者，并初步形成"两个层面"（BECL 和 ROO）、"三位一体"（公司治理、油田作业管理和商务技术支持）的立体化管控体系。合资公司顺利接管，股东协议逐一落实，（BECL）层面董事会、MT 不同层级的管控体系运行平稳有效，中方行权充分得以保障，重大采办事项、年度工作计划预算、调整开发方案 ERP 及提油销售等工作推动有力有序，公司管理体系不断完善；委托授权全面落实，ROO 层面的项目管理行之有效，生产作业有序推进，稳产增产重点工程取得进展，油田生产平稳运行，产量全面超计划；中方商务技术支持体系基本设立并逐步完善，完成组建中方 BECL 财务团队，并推动技术支持中方团队的组建。

【提质增效】 2022 年，鲁迈拉公司开展提质增效专项行动，研究制定《鲁迈拉公司 2022 年提质增效价值创造行动方案》，以提升资产价值为主线，"提质"与"增效"并重，并围绕年度生产经营任务，从优化开发、控制投资、降本增效、商务攻关、风险管控、组织领导 6 个方面出发，制订 14 条行动措施方案。立足实际，科学组合井下措施工具，开展新型堵剂的先导试验，全面提升作业效率；利用现有设备，推进污油回收，开展环保治理的同时实现增油增效，突破瓶颈，兼顾绿色发展，开辟提质增效的新途径；通过优化井口管线设计，改进井口管线施工工序，统筹协调保障井口施工资源，进一步缩短单井投产时间；通过刺激市场竞争，改进合同模式，加强合同复议，优化物资采购，提升物流效率等措施，显著提升采办管理成效。全年完成下达权益投资的99.4%，桶油操作成本也低于下达指标。着眼长远，全力推动油田开发调整方案的论证和编制；进一步夯实可持续发展基础。坚持"以收定支、量入为出"动态预算管理模式，全方位、多层次发掘降本增效潜力，成效显著。单桶操作费1.31美元，对母公司现金贡献1.95亿美元，净利润4.95亿美元。带动集团公司乙方单位，协同效益显著。中方中标合同总额8.56亿美元，比2021年翻一番，占合同总额的23.72%。

【QHSSE管理】 2022年，鲁迈拉公司贯彻落实集团公司QHSE总体工作部署和新冠肺炎疫情防控要求，加强QHSE风险识别与评估，关注疫情和社会安全形势，推进各项QHSE工作，实现"不发生项目聚集性疫情，不发生因疫情导致员工死亡病例""零伤害、零事故、零污染"和"六个杜绝"的工作目标。

在疫情防控方面，落实国家和集团公司的疫情防控部署和要求，4次及时更新疫情防控方案，制订内部8条疫情防控措施并督促执行。经过反复协商沟通，确定从巴士拉至迪拜、阿曼马斯喀特两条应急医疗转运路线，守住不发生因新冠肺炎死亡的底线；对现场储备的应急防疫药品实行动态管理，定期检查保质日期、消耗数量，提前预判需求、提前采购，始终确保90天的储备量，守住防疫物资供应充足的底线；通过中国石油包机和商务航班两条渠道，及时安排员工倒班，并注意加强旅途防护、出发前隔离、核酸检测等重点环节的管理，保障员工合规回国、有序倒班，避免超期滞留，守住疫情期间员工正常工作生活的底线。推动所属员工完成健康体检和新冠疫苗加强针接种工作，协助11名中方员工完成京外体检，中方员工体检完成率和新冠疫苗加强针接种率均100%。开展身体健康监测和心理咨询工作，在HQ主营地组织中方员工开展6次健康监测活动，全年组织中方员工参加各类健康培训和咨询讲座31次，确保员工身心舒畅、队伍稳定。

在社会安全方面，以社会安全专业咨询机构和所在国信息资源为依托，多层面收集并及时分享社会安全突发事件舆情和预警信息；有效开展项目社会安全风险评估，更新并完善社会安全风险清单并及时上报备案，夯实社会安全管理基础；组织员工参加集团公司、中油国际公司和联合公司举办的各种培训，提升全员社会安全意识，100%的完成年度社会安全培训任务；在伊拉克"8·29"事件中，本着"员工生命为第一要务"的理念，以专业的职业素质持续对安全形势进行评估与研判，采用"包机为主，商业航班为辅"的形式，发挥极强的动员能力快速撤离外籍员工。在2022年12月集团公司开展的社会安全五维考核中获"卓越等级"单位和在中油国际公司2022年度管理评价中C

类项目中总分排名第一。

在安全管理方面，随着2022年全面复工，鲁迈拉公司总可记录伤害事故率（TRIF）比2021年底略有上升，从0.13上升至0.16；一级工艺过程安全（PSER T1）事故率同比减少约77%，从0.70降至0.16，现场设施管线跑冒滴漏现象得以明显改善。完善QHSE管理体系建设，全年新增QHSE体系文件2项，更新QHSE体系文件21项，应急预案35项，承包商QHSE管理相关文件2项；普及HSE培训提升全员安全素养，完成HSE培训工时20608小时，同比增长12%；推行安全领导力原则，公司领导全年到现场HSE检查629次，填写安全检查卡812张，发现不安全状态或违章行为408个；强化对作业许可、施工现场的安全管控，开展施工现场安全自我验证（Self-Verification）16425次，纠正违章作业3559次，现场叫停677次，开具作业安全许可证82742张，作业许可证开具数量同比增长65%；夯实交通安全基础管理，油田甲乙方安装监控系统（IVMS）的车辆行驶总里程达到5494万千米，总里程同比增长39%，每百万千米的违规次数也由2021年的6.4次降至5.9次。

在环保管理方面，继续按照低碳减排计划稳步推进相关工作，2022年减少5000万英尺^3/日的火炬天然气燃放，相当于减排300万吨二氧化碳；全面清理整治DS5东边16.2万平方米、DS3南边3.5万平方米的油泥堆场；在北鲁、南鲁分别建造两个带有高密度聚乙烯（HDPE）衬里的蒸发池，合规达标排放原油产出水。

【队伍建设】 2022年，鲁迈拉公司贯彻落实集团公司"人才强企"战略，高度重视并持续做好人才的培养、引进和使用工作，加强员工队伍建设，为高质量发展提供有力的人才保障。在政治方向方面，坚持思想引领，以党的二十大精神和习近平中国特色社会主义思想为指导，增强"四个意识"、坚定"四个自信"、做到"两个维护"，引导和教育管理、技术和经营等各类人才心怀国之大者，砥砺报国之志，弘扬大庆精神铁人精神，坚定不移听党话、跟党走，主动担负起鲁迈拉公司发展步入新时代赋予的使命责任。在队伍规模上，中方人数由年初的45人增加到60人（含在办手续人员），稳步加强接管建设期的人才保障。在队伍质量方面，中方人员联合作业公司部门副经理岗位以上员工由11人增加到19人，平均年龄由46岁下降到45岁，专业结构和年龄结构更加趋于合理。在素质提升方面，加强员工培养和提升业务素质，每周分别召开生产和经营例会，讨论解决生产技术和商务运营方面遇到的困难，开展业务知识分享，拓展员工的管理思路和提升业务能力，打造高素质、复合型和专业化的员工队伍。

【企业文化】 2022年,鲁迈拉公司实施党建提升工程,通过政治学习引领,落实"第一议题""三会一课""双重组织生活会"制度,采取集体学习和个人自学相结合的方式,深入学习贯彻习近平新时代中国特色社会主义思想和党的二十大精神。通过形势教育引领,开展"转观念、勇担当、强管理、创一流"活动和"如何适应BECL发展"大讨论,增强员工的责任感、使命感和危机意识,实现作风和状态"双转变"、效率和效能"双提升"。通过内外宣传引领,将中国石油内部宣传和大使馆等外部宣传结合起来,向中油国际公司、中东公司网站及"中东油田合作"等平台投送稿件和新闻素材59篇,采用率93.7%。通过在联合公司和中方层面开展中国特色文化宣传等活动,深入开展跨文化沟通工作,依托联合公司社交媒体账号年度发文19篇,在伊拉克主流媒体发文3篇,与伊拉克高校合作组织9名巴格达大学生到鲁迈拉公司实习。

鲁迈拉公司党委本着以"分散"促"集中"、党建和业务相促进的原则,重新组建由不同专业党员组成的4个党支部,推动跨业务融合和跨专业协作,带动党建向更深更实开展。加强中方配套制度建设,完善和落实"三重一大"等制度,先后组织召开14次"三重一大"会议,对各类重要决策事项进行研究和集体决策,保证决策质量;营造和谐的合作外部环境,强化与各利益相关方面的伙伴关系建设,搭建中英伊三方"共商、共建、共享"的团队工作氛围。

【社会责任】 2022年,鲁迈拉公司年度投入社会公益费用总额143多万美元。通过鲁迈拉社会福利基金项目开展社区共建,为属地社区提供包括医疗服务、教育技能培训、公共基础设施和医疗设备等多方面的社会公益,树立鲁迈拉公司高效、负责、关爱的社会形象,保障公司油气业务平稳高效运行。

在医疗服务方面,开展QA水厂医疗诊所项目、北鲁迈拉伯客村(BOC)和春恩村(Train)两个村镇车载移动医疗诊所项目是跨年度社会公益项目,2022年度分别投入金额19.7万美元和10.3万美元,主要为社区居民提供医疗服务,尤其是新冠炎疫情下医疗应急服务,有近50名女性志愿者开展家访健康宣传和社区学校健康大讲堂,6名专业医护人员每月平均接待300多名患者,解决当地群众多年以来看病难的问题,服务惠及辖区内近万名居民。

在教育技能培训方面,开展阿尔阔若(Al Khora)社区女性职业技能培训和阿尔阔若(Al Khora)社区失业人员职业培训。前者主要针对女性居民,开展缝纫、美发、手工艺等技能培训。2022年度分别投入金额16.34万美元和62.26万美元,用以增加弱势群体家庭收入,降低失业率,培训覆盖区域1.3平方千米、超1680人次、惠及3300人。

在公共基础设施方面,启动跨年度北鲁迈拉油社区电网升级项目,建设并安装新的 11 千伏输电线路，更换已有 30 年历史的旧变电器，建设 50 个新电塔和 7 千米长电力电缆，投入金额 25.8 万美元，有效解决上万居民因断电无法使用空调的困境。

在其他社会公益方面，为油田周边学校桌椅修缮项目投入金额 3.26 万美元，改善上千名当地学生的学习条件。应巴士拉政府邀请，为祖拜尔医院购买并安装调试腹腔镜设备，投入金额 5.8 万美元，弥补当地医疗设备不足造成就医确诊难的短板，提升属地社区和政府对公司的满意度。

（王天娇）

中国石油（伊拉克）哈法亚公司

【概况】 中国石油（伊拉克）哈法亚公司（简称哈法亚公司）是中国石油（PetroChina）与合作伙伴法国道达尔公司（Total）、马来西亚国家石油公司（Petronas）同伊拉克南方石油公司组成联合体运作的国际石油公司，也是中国石油第一次以作业者身份，在大型项目上与西方大石油公司进行合作的项目。2009 年 12 月 11 日，联合体中标哈法亚油田；2010 年 1 月 27 日，《哈法亚油田开发与生产技术服务合同》签署，2010 年 3 月 1 日生效；根据 2014 年 9 月 1 日签署的一号修改协议，合同期延至 2040 年 2 月 29 日，共 30 年。自 2014 年 10 月 1 日起，股份调整为伊方 10.0% 干股，中国石油（PetroChina）占 45.0%，法国道达尔公司与马来西亚石油公司各占 22.5%。

哈法亚油田位于伊拉克米桑省阿玛拉市东南 35 千米处，合同区面积 288 平方千米，地质储量约 46.0 亿桶。哈法亚公司建设运营 13 年来，克服资源国社会环境持续动荡、安保形势严峻、当地农民阻工、营商环境差等不利因素，坚持稳步多期次分散投资，坚持油田滚动开发与产能建设同步推进，坚持技术突破与商务协作有机结合，坚持强化国际化运营管理与人才队伍建设相互融合，坚持中国石油（CNPC）集团一体化与提升经营效益优势互补，坚持搞好当地社区公益事业与树立良好社会形象共谋发展。哈法亚公司实现一期 10 万桶/日、二期 20 万桶/日和三期 40 万桶/日产能规模三次跨越，建成国际标准的 2000 万吨级油田，2022 年处于高峰产量稳产阶段。

【经营运作】 2022年，哈法亚公司超额完成全年各项生产经营指标。原油作业产量1845.0万吨，中方权益作业产量830.1万吨，完成年计划的101.4%，中方提油回收450万桶。百万工时损工伤害率为0，总可记录事件率0.04，均低于国际油气生产商协会（IOGP）HSE指标标准。2022年，哈法亚公司获集团公司年度"先进集体"称号。

哈法亚公司坚持以经济效益为中心，推动提油回收及限产补偿确认，优化招标策略，确保实现年度经营目标。多频次拜访伊石油部、米桑石油公司（MOC）、驻伊拉克大使馆等，多层面合力推动及时提油。2022年，较好完成净现金流和净利润"双正"考核指标。争取限产补偿，联合其他在伊拉克国际石油公司（IOC）与伊拉克石油部谈判，寻求解决方案。加强招标过程的策略优化与商务谈判，对重大采办项目从源头进行成本审核控制。2022年，完成工程、服务及物资采购合同签署、价格协议、订单签署。针对天然气处理厂（GPP）项目产品外输瓶颈问题，开展管线建设策略研究与风险、效益评估，并与伊石油部、米桑石油公司（MOC）和投资伙伴加强沟通，推进项目持续开展。通过调整投资计划、严控成本支出、开展合同复议和改进招标策略等措施，推进降本增效战略实施。

【油田开发】 2022年，哈法亚公司复工复产，加强油藏研究和评价，推进注水工程，优化钻井及措施管理，超额完成原油生产任务。2022年1月9日，以政府宣布全面解除限产，哈法亚公司在阻工问题频发、安保力量薄弱、政府签证审批延迟、新冠肺炎疫情下人员动迁困难等严峻形势下，8月底实现13部钻机、6部修井机全部就位启动；推进小油藏评价，落实接替产能。开展Mishirif C2、Hartha油藏评价，Yamama高温高压油藏试采，以及超低渗透Sadi油藏水平井多段压裂试验，取得良好效果。协同推进注水井、水源井和增压注水工程，完成19台高压注水泵安装调试，投产12口水源井、10口注水井，年底日注水水平达到14.8万桶。优化钻井工艺设计、采取针对性防漏卡措施、改善钻井液性能、推广旋转导向钻井技术。全年开钻57口，完钻52口，完成钻井进尺19.4万米。加强措施作业，全年修井87井次，酸化47井次，酸压4井次，水平井分段压裂6井次，年产量贡献约45万吨。

【地面建设】 2022年，哈法亚公司有序推进重点项目建设，完善油田地面工程配套。天然气处理厂项目主体大型设备均运抵现场，安装、焊接工作持续进行，总体进度完成70%；一期油气处理站（CPF1）油系统升级改造工程完成总进度22%；一期油气处理站（CPF1）气系统升级改造工程、电站扩建二期工程分别进入商务评标和技术评标阶段；油田集输配套工程完成35口油井管线施工与井场设施安装，投产30口；有序推进井场供电工程项目，实现70个井场供电；加大油田重点管线腐蚀安全排查和风险治理，完成61条油管线、7条气管线腐蚀检测，发现潜在风险点132个并全部完成维护维修工作。

【精细管理】 2022年，哈法亚公司对照伊拉克法律法规、石油合同，以及集团公司和中油国际公司内部规章制度，逐项对照检查落实，提升精细管理水平。在油田开发上，严格落实合同条款和中方内部开发管理规定，做到合规管理；研究合同规定的P因子在稳产期内不适用的情况，着重分析政府限产、限输及外部因素产量损失原因，在后期商务谈判中争取主动地位；事前同伊方精细讨论议定三叠系深探井钻井方案、完井方案、报酬费等内容，避免后续分歧；依据合同（DPSC）、投资伙伴联合作业协议（FPJOA）、中方境外投资管理办法，强化投资全过程精细管控；做好联合公司审批程序和中方年度计划预算编审报批相衔接匹配，保证年度投资完成率；适应海外业务体制机制管理的调整，统筹推进人才强企工程实施，为公司中长期发展人员需求提供保障；加强公共关系管理，密切与当地部落、社区、地方政府、石油部及中央政府和国会议员联系，保持稳定油田作业环境。

【安保防疫】 2022年，哈法亚公司严格遵照集团公司、中油国际公司各项要求，压实防控责任，定期对全体员工及承包商进行核酸检测，有效阻断疫情，总计筛查18476人次；确保中方员工完成疫苗接种全覆盖，当地员工疫苗接种率98.53%。在安保方面，哈法亚公司多次拜访伊方安保部队，要求增加安保力量，强化安保信息分享，预防恶性安保事件。2022年，开展高空作业、防硫化氢、受限空间作业、溢油等应急演练55次，完成安保演习95次，安保检查160次，保障油田员工健康与安全。

【2022年度哈法亚重大事件】 6月23日，哈法亚公司按照中油国际公司部署，在HF115-Y115V2井开展井喷突发应急四级联合演练。中油国际公司本部机关、工程院专家支持中心、川庆井控应急救援中心和渤海钻探等单位参加演练。

7月24日，由渤海钻探渤海04钻井队负责施工的HF115-Y115V2井完钻，该井为雅玛玛油藏深层开发井，五开 $5^7/_8$ 英寸井眼完钻井深4512米，钻井周期85.75天，比HF12井五开4500米用时126.47天，缩短40.72天，创亚玛玛油藏深井钻井周期最短纪录，投产后日产原油约4300桶。

7月31日，中国驻伊拉克大使崔巍到哈法亚公司调研考察，参加哈法亚甲乙方工作座谈会，指导安保、公共关系工作。

9月9日，中国石油（伊拉克）哈法亚公司作业部钻井班组被授予2022年度中国石油天然气集团公司"质量信得过班组"称号。

12月20日，哈法亚公司HF0802-S0802H1井开始萨迪水平井分段压裂施工，累计实施萨迪水平井分段压裂10口井，统计措施后平均单井日产1400桶，经1—2年稳定生产仍能保持在日产1000桶以上水平。

（金光军）

中国石油（哈萨克斯坦）阿克纠宾公司

【概况】 中国石油（哈萨克斯坦）阿克纠宾公司（简称阿克纠宾公司）是中国石油在哈萨克斯坦的第一个油气合作项目，位于哈萨克斯坦西北部阿克纠宾州，公司机关设在阿克纠宾市，所属油气田区块构造上位于滨里海盆地东缘。是集油气田勘探开发、工程服务、产品销售、科研和后勤服务于一体的综合性石油公司，是哈萨克斯坦第六大石油公司和阿克纠宾州最大的油气企业，占该地区原油产量的60%和天然气产量的75%。

阿克纠宾公司前身是成立于1981年的阿克纠宾石油生产联合体，隶属于苏联石油工业部。1997年6月4日中国石油与哈萨克斯坦签署购股协议，购买阿克纠宾公司60.33%股份，同年9月26日签署76号石油合同。合同模式为矿费税收制。2022年，中国石油通过中油勘探开发有限公司、中油国际（里海）公司和中油国际（哈萨克斯坦）有限公司共持有阿克纠宾公司89.64%的股权，有97.02%的投票权。

2022年底，包括控股KMK石油股份公司在内，阿克纠宾公司有5个开发合同、3个勘探合同。7个开发油气田，分别为让纳若尔油气田（含A南和G北两个已开发气顶）、北特鲁瓦油田、肯基亚克盐上油田、肯基亚克盐下油田、科克日杰油田、库姆萨伊油田和莫尔图克油田，开发区面积1242.48平方千米；3个勘探区块分别为滨里海中区块、德莱斯肯Ⅰ和德莱斯肯Ⅱ区块，面积7298平方千米。20个机关部门、10个二级单位，中哈方正式员工6200余人，其中中方员工102人，占员工总量的1.6%。另有4家与中国石油旗下钻井服务、机械加工、成品油贸易和运输业务的合资企业。

阿克纠宾公司主要生产经营指标

指　　标	2022年	2021年
原油产量（万吨）	376.93	400.12
天然气商品量（亿立方米）	35.42	36.02
新增探明石油地质储量（万吨）	255.67	173
三维地震（平方千米）	735.6	0
探井（口）	5	5
开发井（口）	146	130
钻井进尺（万米）	13.10	11.32
勘探投资（亿美元）	0.42	0.22
开发投资（亿美元）	2.06	2.22
资产总额（亿美元）	19.33	22.41
收入（亿美元）	11.97	11.83
利润总额（亿美元）	1.86	2.96
税费（亿美元）	3.80	3.48

1997—2022年，阿克纠宾公司累计生产原油1.26亿吨，全部作业产量2.09亿吨油气当量。2010年实现油气当量千万吨并连续稳产10年，2022年仍保持在800万吨水平。中国石油累计权益分红为购股投资的15.65倍。2022年5月，阿克纠宾公司等级类别调整为A级一类海外项目，列中国石油集团公司一级企业管理。

【油气勘探】 2022年，阿克纠宾公司在德莱斯肯Ⅱ区块完成735.6平方千米三维地震资料采集；在3个勘探区块共完钻探井5口，其中，滨里海中区块3口，德莱斯肯Ⅰ区块和Ⅱ区块各1口。完成19层/8口井试油，其中油气层5层/4口，低产油层2层/2口，油水同层3层/3口，含水油层1层/1口，含油水层1层/1口，干层7层/4口。在滨里海中区块东部成藏带已明确油气成藏特征的中部鼻隆区AK-7井KT-Ⅱ层12毫米油嘴日产油128.1立方米、气17.3万立方米；AK-11井KT-Ⅱ层9毫米油嘴自喷日产油47.9立方米、气9.2万立方米。对北部缓坡区的AK-1井P1as阶油层进行重新评价及油藏解剖后重新测试，获日产55立方米油气流。在前期作业者9口探井均未获油气发现的德莱斯肯Ⅰ区块，首口探井AK-9井KT-Ⅱ层测试自喷日产油45立方米；在随后滚动部署的AK-8井KT-Ⅱ层两个不同井段中途测试均获工业油气流。在无早期钻井的德莱斯肯Ⅱ区块新部署 BAK-2 井、BAK-3 井和 BAK-4 井，全部获油气发现。

2022 年 4 月，滨里海中区块塔克尔含油气构造试采方案获哈萨克斯坦国家开发委员会批复。批复 C1+C2 级石油地质储量 2110.8 万吨，可采储量 371.2 万吨，其中 C1 级石油地质储量 634.6 万吨，可采储量 109.3 万吨。规划试采井 6 口，试采期 3 年，最高年产量 3 万吨，试采期累计产量 7 万吨。4 月开始，T-H101 井、T-5 井和 T-3 井陆续投入试采。

2022 年 1 月，完成阿克若尔含油气构造储量计算和试采方案编制。哈萨克斯坦储量委员会批复石油地质储量 748.8 万吨，可采储量 149.8 万吨；C2 级地质储量 838.6 万吨，可采储量 167.7 万吨。规划试采井 8 口，试采期 4 年，最高年产油 3 万吨，试采期累计产量 10.6 万吨。8 月获试采排放许可，AK-7 井、AK-3 井和 AK-1 井投入试采。

为实现塔克尔—阿克若尔构造一起转至开发准备期，合并复算塔克尔—阿克若尔构造开发储量，11 月 3 日在哈萨克斯坦主管机构答辩获得通过，批复储量为（塔克尔—阿克若尔转开发准备期矿界内）原油 C1 级地质储量 1198.2 万吨，可采储量 238.0 万吨；C2 级地质储量 2460.7 万吨，可采储量 488.5 万吨。气顶气 C1 级地质储量 1.4 亿立方米，可采储量 1.36 亿立方米。凝析油 C1 级地质储量 3.2 万吨，可采储量 1.8 万吨。溶解气 C1 级地质储量 26.19 亿立方米，可采储量 5.51 亿立方米；C2 级地质储量 52.33 亿立方米，可采储量 10.87 亿立方米。

实际新增石油地质储量 C1 级 320.1 万吨，可采储量 71.7 万吨；C2 级地质储量 402.1 万吨，可采储量 90.8 万吨；C3 级地质储量 1624.6 万吨，可采储量 370.3 万吨。折新增地质储量（EV）1129.74 万吨，可采储量（EV 值）255.67 万吨，创"十三五"以来新高。

【油气田开发】 让纳若尔油田。2022 年 12 月，采油井开井 674 口，采气井开井 42 口，日产油水平 2901 吨；注水井开井 283 口，日注水平 19643 立方米。综合含水率 44.8%，采油速度 0.26%，油田年自然递减率 10.7%，综合递减率 9.1%。累计产油 8923 万吨，采出程度 21.5%，剩余可采储量 3061 万吨，累计注采比 0.83。2022 年投产新井 12 口，平均单井日产油 14.2 吨，当年合计产油 2.10 万吨；油气井措施作业 102 井次，措施有效率 65.7%，措施增油 2.29 万吨；注入井措施作业 57 井次，措施有效率 89.5%，累计增注量 17.11 万立方米。

肯基亚克盐上油田。2022 年 12 月，采油井开井 674 口，日产油水平 1312 吨；注水井开井 43 口，日注水平 4670 立方米。综合含水率 82.0%，采油速度 0.47%，年自然递减率 22.4%，综合递减率 6.9%。累计产油 2064 万吨，采出程度 20.4%，可采储量采出程度 75.5%，剩余可采储量 670 万吨。主力开发层系J2（Ⅱ+Ⅲ）占总储量份额的74.76%，采出程度23%，可采储量采出程度82.7%。2022年注汽投产巴列姆组新井39口，平均单井日产油2.53吨；实施油井措施作业273井次，措施有效率100%，年累计增油7.84万吨。

肯基亚克盐下油田。2022年12月，油井开井109口，日产油水平1819吨；注水井开井12口，日注水平1091立方米。综合含水率7%，采油速度0.64%，年自然递减率8.12%，综合递减率5.59%。累计产油2309万吨，采出程度22.7%，剩余可采储量1274万吨，累计注采比0.13。2022年没有新井投产；油井措施作业3井次，措施有效率100%，措施增油0.23万吨。

北特鲁瓦油田。2022年12月，采油井开井187口，日产油水平1156吨；注水井开井175口，日注水平9205立方米。综合含水率41.6%，采油速度0.25%，年自然递减率11.0%，综合递减率7.8%。累计产油1521万吨，采出程度8.9%，剩余可采储量1274万吨，累计注采比0.38。2022年投产新井5口，平均单井日产油17.4吨，当年合计产油0.69万吨；油井措施作业30井次，措施有效率73.3%，措施增油1.10万吨；注水井措施作业36井次，措施有效率97.2%，累计增注7.77万立方米。12月8日，《北特鲁瓦油田开发调整方案》获哈萨克斯坦国家开发委批复。

KMK项目。2022年底，采油井开井482口，日产油水平1113吨；注水井开井42口，日注水平4006立方米。当年生产原油39.47万吨，累计产油506万吨，采出程度7.5%，剩余可采储量1274万吨，累计注采比0.80。科克日杰油田自然递减率10.6%，综合递减率4.7%，综合含水率82.2%；库姆萨伊油田自然递减率30.9%，综合递减率11.5%，综合含水率87.0%；莫尔图克油田自然递减率30.9%，综合递减率11.5%，综合含水率84.2%。科克日杰油田没有新井投产；库姆萨伊油田投产新井15口，平均日产油5.0吨，合计产油0.78万吨；莫尔图克油田投产新井35口，平均日产油3.5吨，合计产油1.35万吨。油井措施作业264井次，措施有效率92.8%，措施增油7.26万吨。

【北特鲁瓦油田综合治理先导性试验取得初步成效】 北特鲁瓦油田2012年6月投入开发，2013年4月实施注水。为明确裂缝发育对注水突进的影响，评价油田调堵技术的适应性，探索适应于油田综合治理的有效方法，2019年在KT-Ⅰ油藏优选545井区进行调堵先导性试验。2019年6月—2022年12月，试验区内6口调剖井均已完成调剖剂注入，完成各段塞调剖剂的注入。调驱过程中，各井注入压力逐渐上升，视吸水指数下降；各井霍尔曲线呈阶段式变化，呈现调驱特征；井区生产井日产油量逐渐上升，含水、气油比下降，初步见到调剖效果。2019年9月在KT-Ⅱ油藏优选5555注采井组开展轮注轮采试验。试验区内两口井于 2022 年 7 月 21 日切换至 Γ4 层正常生产，4 口轮注井在 Γ5 层正常注水，3 口在 Γ4 层注水，试验效果有待进一步观察。

【石油合同延期】 在前期谈判成果多数被推翻和哈萨克斯坦政府不断提出新诉求的不利情况下，经过多轮艰苦谈判，2022 年 6 月 23 日，阿克纠宾公司与哈萨克斯坦能源部签署 76 号石油合同三年临时延期协议，延期至 2025 年 6 月 23 日，为长期延期协议谈判和项目可持续发展奠定基础。12 月 30 日，签署让纳若尔油田南部外围区、塔克尔—阿克若尔构造和北特鲁瓦油田外围区 3 个区域开发准备期石油合同，为加快 3 个区域的储量评价和下步转开发奠定基础。

【中哈油气合作暨阿克纠宾公司成立 25 周年】 2022 年阿克纠宾公司成立 25 周年，举办系列庆祝活动。10 月 9 日，中哈油气合作 25 周年纪念碑在阿克纠宾市友谊公园隆重揭幕。阿克纠宾公司总经理李树峰、联合公司第一副总经理叶辛古洛夫及上百名中哈员工代表和当地社会人士参加纪念碑揭幕仪式。纪念碑为花岗岩材质，上面刻有 25 周年纪念标志，标志主题鲜明，并融合宝石花和天鹅等饱含寓意的设计元素，昭示着 25 年来，中国石油在哈萨克斯坦与各合作伙伴精诚合作，不断在互利共赢、共同发展的道路探索和前进。当天晚上，阿克纠宾公司与阿克纠宾州政府联合在阿克纠宾市举办露天音乐会，吸引了 3 万多名市民现场观看，阿克纠宾州州长图戈扎诺夫·叶拉勒和多名政府人员全程观看音乐会。10 月 11 日，阿克纠宾公司召开中哈油气合作 25 周年暨公司成立 25 周年庆祝大会，阿克纠宾州州长图戈扎诺夫·叶拉勒、中国石油中亚俄罗斯公司总经理卞德智、阿克纠宾公司总经理李树峰分别在大会上致辞，并为中哈油气合作 25 年发展作出卓越贡献的优秀员工颁发奖章。卞德智宣读中国石油天然气集团有限公司董事长戴厚良的贺信，转达哈萨克斯坦总统托卡耶夫致中哈油气合作 25 周年的贺信内容。大会组织阿克纠宾公司成立 25 周年雕塑剪彩揭幕

2022 年 10 月 11 日，参加中哈油气合作暨阿克纠宾公司成立 25 周年庆祝大会的主要嘉宾与参加文艺演出的员工代表合影（冯伟平　提供）

仪式。60名受邀代表和300名员工代表全程参加庆祝活动。系列活动在阿克纠宾公司中哈员工中反响热烈，当地主流电视台、报纸、网站分别以不同形式对阿克纠宾公司25周年庆祝活动进行报道，对提升企业形象、改善外部经营环境起到积极和正面的作用。

【阿克纠宾州乒乓球运动中心投用】 2022年11月4日，阿克纠宾公司赞助建设的阿克纠宾州乒乓球运动中心建成投用，阿克纠宾公司总经理与阿克纠宾州州长、阿克纠宾市市长、哈萨克斯坦乒乓球协会主席共同参加剪彩仪式并致辞。阿克纠宾州乒乓球运动中心是在阿克纠宾公司与州政府、州工会签署的三方合作备忘录框架内，由阿克纠宾公司赞助200万美元建成。

2022年11月4日，阿克纠宾公司赞助建设的阿克纠宾州乒乓球运动中心投用（崔思栋　提供）

（邓鹏飞）

中国石油乍得公司

【概况】 2022年5月23日，根据集团公司《中国石油乍得公司职能配置、内设机构和人员编制规定》，中国石油乍得公司（简称乍得公司）成立，管理乍得上游项目和乍得炼油项目两部分业务。

2003年12月18日，中国石油和中信能源集团公司合作，分别购买克里夫顿公司拥有的乍得H区块12.5%的股份。2006年2月20日，克里夫顿公司转让H区块25%的权益给中国石油，2006年6月14日又转让H区块12.5%的权益给中国石油，12月8日，中国石油就购买加拿大恩卡纳公司H区块50%股份与该公司达成协议，并于2007年1月12日完成交接。自此，中国石油持有乍得 H 区块 100% 权益，中油国际（乍得）有限责任公司（CNPCIC）成为 H 区块的独立作业者。2018 年，根据中油国际《关于规范海外中方管理机构名称的通知》，中油国际（乍得）有限责任公司中方名称变更为中油国际（乍得）上游项目公司。中油国际（乍得）上游项目公司下辖矿税制项目、产品分成项目各 1 个，以及两条总长 508 千米的管道。

2006 年 8 月 6 日，时任中国外交部长李肇星与乍得外交和非洲一体化部长艾哈迈德·阿拉米分别代表各自政府，在北京签署复交公报，中国与乍得正式恢复外交关系。中国政府承诺为乍得共和国建设一座百万吨级现代化石油炼制企业。2007 年 9 月 20 日，在中国国家主席胡锦涛和乍得共和国总统代比的见证下，中油国际公司与乍得石油部在北京人民大会堂正式签署《中油国际与乍得政府炼厂合资协议》。2008 年 7 月 23 日，恩贾梅纳炼油有限公司（NRC）在乍得正式注册成立，中方名称为中油国际（乍得）炼油有限公司。2009 年 6 月，乍得炼厂开工建设。2011 年 6 月 29 日，炼厂正式投产运营。乍得炼厂项目是中乍两国恢复外交关系后签署的第一个炼化合作项目，中方持股 60%，乍方持股 40%，双方合作期限 99 年。乍得炼厂初期设计（中国标准）的总体规划为 250 万—300 万吨/年。2018 年 10 月 23 日，根据中油国际《关于规范海外中方管理机构名称的通知》，中油国际（乍得）炼油有限公司更名为中油国际（乍得）炼油公司。

截至 2022 年底，乍得公司有员工 1590 人，中方员工 586 人（主体员工 107 人），其中党员 309 名，占中方员工总数 52.7%，国际化员工 23 人，本地员工 687 人，本土化率 86.5%。

2022 年，乍得公司深入开展主题教育活动和提质增效专项行动，有序推进海外业务体制机制优化调整落地执行，全力推动依法合规治企和强化管理提升，统筹抓好生产经营、安全稳定和新冠肺炎疫情防控。推动增储上产和效益发展，自主勘探获得重要发现，2022 年新增原油可采储量 982 万吨，完成全年储量任务的 123%，成为海外自主勘探最大亮点；推动稳产上产，完成原油作业产量 535 万吨的奋斗目标；炼厂方面进行成品油生产，同时努力保障乍得民众生活用电，自 2009 年开厂至 2022 年底，向乍得供电 5.3 亿千瓦·时，解决 20 万人的生活用电问题。

【油气勘探】 2022 年，乍得公司优化勘探部署、精心组织实施，多赛欧（Doseo）坳陷和邦戈尔（Bongor）盆地风险勘探和滚动评价取得系列新突破。多赛欧坳陷揭开 1 个亿吨级和 2 个 5000 万吨级富油气区带，进一步落实开发方案申报的资源基础。中央低凸起在下白垩统深—中—浅多套层系获全面突破，亿吨级储量规模落实。南部斜坡带低部位4口探井获厚油气层，向斜坡中部甩开钻探卡普克南1井（Kapok S1）和卡普克南7井（Kapok S7）获突破，揭示新区带5000万吨级地质储量潜力。北部陡坡带向凹甩开钻探西梅尼亚南1井（Ximenia S1）获成功，打开勘探新局面，揭示5000万吨级储量规模。邦戈尔盆地奥拉克斯西南1井（Olax SW1）试油成功，奠定维特克斯（Vitex）开发可行性研究区申请的资源基础。

【开发生产】 2022年，乍得公司强化油田精细管理与生产组织，狠抓新井建产、注水稳产和措施增产。加大滚动扩边力度，动态优化井位部署，完钻开发井43口，投产新井36口。加强油藏动态监测和剩余油潜力研究，优化措施方案，实施油井措施31井次。坚持管理与治理并重，持续加大扶躺控躺力度，扶躺55井次，进一步巩固老区稳产基础；稳步推进主力区块注水实施，加大精细分层注水规模，夯实油田稳产基础；加大自适应控水技术应用力度；实施潜山注氮气先导试验1井次。

【重点工程】 2022年，乍得公司加强统筹协调，克服疫情、洪水、资源国政局不稳等不利因素，重点工程建设稳步推进。上游项目方面，产品分成合同（PSA）下米莫萨南（Mimosa S）区块投产和罗尼尔南（Ronier S）区块投注，标志着米莫萨南和罗尼尔南两个油田开发进入新阶段。2022年1月，丹尼拉（Daniela）电站完成3号发电机组发电机的返厂置换大修工作，保证了油田供电的可靠性，为油田生产目标实现提供保障。罗尼尔电站扩建项目总体进度达到85%。"数字化转型、智能化发展"项目前期工程设计有序推进，完成首批高优先级场景前期设计、合同招标，首批场景建设启动。2月，罗尼尔机场取得运行许可；3月，机场正式通航；5月，举办机场投产庆典。9月，安东临时移动电站正式具备发供电条件，为2023年度电站扩建停厂连头期间临时给B-FPF供电提供电力保障。11月首站剔瓶颈工程进油投产。

炼油项目方面，完成新建围栏及原有壕沟围栏修复项目，新建围栏10400米，修复壕沟10400米，项目建成进一步确保乍得炼厂员工生命及财产安全。对视频监控系统进行升级改造。因乍得炼厂原有监控设备运行多年，部分设备已经损坏，故障频繁，近年来发生多起不法分子翻越围栏入侵炼厂事件，给乍得炼厂安全平稳运行带来巨大风险。2022年乍得炼厂将各个监控场所模拟信号视频监控系统全部升级为最新的IP数字高清网络视频监控系统。稳步推进乍得国家石油公司油库至炼厂成品油管道连接项目。该项目在炼厂围墙以外管墩建设等土建工作已基本完成，3条管道的焊接工作推进到炼厂最内侧围栏处。推动赛迪戈（Sedigui）原油管道连接项目，赛迪戈原油管道末站至炼厂段于2021

年2月建成，经过2022年的后续工作推进，该管道目前正准备投用。

【管道运营及炼油化工】 2022年，乍得公司强化组织调配，管道运行安全高效。加强上下游协调，综合制订最优输油方案，超额完成全年输油任务指标。深化与乍喀管道交流协作，推动乍喀管道同意按照原管理委员会（TC）第三次修订形式签署新H区块七小油田管输协议，巩固双方常态化协调机制，实现乍喀管道原油的稳定外输。通过开展以内检测为基础的管道完整性管理，持续完善管道完整性管理（PIM）体系文件、完成34处管道腐蚀点动火修复作业；进行设备预防性维修维护管理，完成关键设备9台输油泵机组和5台加热炉大修、加强维抢修力量建设和强化站场标准化建设，多措并举保障管道本质安全。

2022年，炼油项目安全运行365天，加工原油77.82万吨，完成全年加工计划71万吨的109.60%；加工损失0.69%，同比下降0.07%；综合商品收率91.06%，比业绩指标高1.06%，可比轻收72.18%，比业绩指标高1.42%，综合能耗101.43千克标准油/吨，比业绩指标低11.07千克标准油/吨。主要技术经济指标实现"两增一降三达标"。在优化操作方面，炼油项目组织"增柴减汽"攻关，编制《不同加工负荷下燃料油销售测算》《炼厂汽柴油生产销售方案》，及时调整加工负荷和产品结构，常压装置按照柴油生产方案，将部分航空煤油组分切割至常二线柴油馏分中增加柴油产量；催化装置加注抗重金属污染能力强的高柴汽比LVR-60R新配方催化剂，柴油收率提高至32%左右，较优化前增加2个百分点。在相同加工负荷下，柴油产量逐步提高至870吨/日，较优化前提高25吨/日，最大限度缓解乍得国内汽柴油紧缺的困难。在长周期运行方面，炼油项目针对原油、重金属含量、酸值、残炭升高问题，组织各部门、各装置梳理长周期运行的瓶颈和短板，推进常压装置材质升级改造等5个技改项目的设计工作。2022年，炼油项目未发生非计划停工，累计连续运行1371天，实现建成投产以来历史最长运行周期。在技术创新方面，炼油项目与兰州石化公司催化剂厂共享生产数据，共同改进和完善适应炼厂原料性质的催化剂配方，柴油收率上升明显；完成电站2号锅炉燃烧器改造安装，达到预期效果。炼油项目2022年完成"开源节流、降本增效"措施15项，为安全生产和长周期运行提供保障，累计提质增效1231万美元。

【提质增效】 2022年，乍得公司落实集团公司、中油国际公司提质增效价值创造行动方案部署要求，围绕"传统举措稳效、优化协同增效、创新发展提效"3个层次，实施8个方面26项举措，推动提质增效价值创造行动走深走实。通过优化原油销售策略，推动系统内炼厂保供，加大招标和合同复议等举措，持续发挥传统举措稳效作用。加强全产业链各环节优化，突出勘探评价与开发方案全周期管理，坚持勘探开发一体化、地质工程一体化、技术商务一体化，推动上下游一体化协同发展。深入开展技术和管理创新，推广应用智能分注和自适应控水等 6 项新技术，创新不同合同区块共享管理模式，实现"一体双模"下集约发展。

【企业经营管理】 2022 年，乍得公司优化中方和联合公司组织机构、有限授权方案和法人治理体系，推进落实海外业务体制机制优化调整；上游和炼厂当地员工集体劳资协议、炼厂中方员工派遣协议顺利签署；签署五方清欠协议（MOU）补充协议及企业所得税预缴及抵扣协议，确认管道公司未成立不属于任何一方违约行为，明确托管账户资金归属，确定清欠协议生效期间的管输费收费标准和释放机制，成功释放托管账户历史管输费；成功应对中非央行采掘业外汇新规，最终于 2022 年 11 月 1 日正式执行；深度参与采掘业弃置基金汇回条款谈判，依据中方合同条款据理力争；协助中国石油乙方承包商采掘业企业资质认定，开立在岸美元账户；协助各乙方单位优化资金结算，减少资金沉淀于中部非洲经济货币共同体（CEMAC）区域，提高资金使用效率。

【HSSE 管理】 2022 年，乍得公司安全管理保持良好业绩，失时伤害事故率和可记录事故率均为零；应急管理水平持续提高，修订乍得公司 1 项总体应急预案和 12 项专项应急预案，并通过中油国际公司备案评审，4 项预案被评为优秀预案；组织各类应急预案演练 613 次；全面开展危险因素辨识和风险防控工作；持续加强环境管理，落实环境监测、废弃物处理、绿色发展到位，获乍得环境部颁发的环境管理卓越成就奖；开展 QC 小组活动及质量信得过班组建设工作，管道首站 QC 小组成果获集团公司 QC 小组活动三等奖，采油厂罗尼尔（Ronier）维护班组和炼厂质检中心一班获集团公司"质量信得过班组"称号；强化安全监督检查，做好全员 HSE 培训和健康管理工作，提高员工 HSE 能力和确保身心健康；社会安全管理水平不断提升，根据作业计划科学调配武装安保力量，有效保护油田区域及外围作业区域的安全；制定《油田现场紧急状态下停工停产方案和资产保全方案细则》；高效运转应急指挥体系和组织体系，拓展多种渠道进行信息收集，夯实应急资源和完善资产保全准备工作，10 月 20 日乍得发生大规模示威抗议事件后，由于提前的社会安全工作到位，乍得公司及承包商人员仅短暂停止境内外的人员动迁，在判明形势后及时恢复，人员安全和生产均得到有效保证，真正做到了"跑得了，守得住，散得开，聚得起"。

【履行社会责任】 2022 年，乍得公司继续资助 21 名乍得当地优秀毕业生在中国石油大学留学；响应乍得环境部植树造林的倡议，提出"一个中石油人、种下一棵树"的口号，号召中乍员工一同参加乍得首都恩贾梅纳的植树活动，赞助环境部植树造林项目，整个项目共植树 30 万棵，乍得环境部长向乍得上游项目颁发环境管理卓越成就证书；向位于油区的布索（Bousso）医院捐赠蚊帐及疟疾防治药品，改善当地卫生状况；与乍得莱恩多斯（Reindos）公益组织合作，向乍得当地学校捐助教科书、文学作品 700 余册；与乍得高等教育部合作，赞助乍得优秀高考毕业生颁奖仪式，促进乍得教育事业发展；心系当地水灾灾民，相继与乍得妇女部和乍得石油部合作，向乍得首都恩贾梅纳及公司油区附近水灾灾民提供大米、糖、毛毯等生活必需品等援助，履行社会责任；向油区古达瓦（Koudalwa）小学捐赠书本、文具、网球等教育用品和物资，持续改善油区教育条件；在油区为当地居民钻水井 10 口，修建贸易市场 1 个，建设居所 6 处，维护当地乡镇道路 100 千米，修复涵洞 4 个，为当地居民生活及出行提供支持；油田现场继续开展"甜水工程"项目，为油田社区完成 11 口新钻水井及水井维护工作；关注社区居民健康为油田现场社区捐赠马来热预防和治疗药品、蚊帐 500 顶；解决当地人"看病难"的问题，援建布索妇婴医院并投入运营；发扬人道主义精神，为受水灾影响的油田现场及周边地区提供人道主义援助，捐献大米、糖总计 7.825 吨，毛毯 1200 条；为方便社区居民出行，完成米图至丹尼拉（Mitou-Daniela）道路 27 千米，古达瓦镇中心主路 5 千米的道路修建及维修。向乌布图语言培训机构捐赠电脑和桌椅；向恩贾梅纳妇幼医院捐赠 1000 万中非法郎物资，并向恩贾梅纳妇女协会捐赠 3500 万中非法郎的生活用品。为中国石油在乍得树立良好形象。

【疫情防控】 2022 年，乍得公司继续强化责任落实，根据新冠肺炎疫情变化适时优化《疫情防控常态化工作方案》《油田现场员工返岗程序》等规章制度，在保障员工健康前提下减少管控措施对生产、生活的影响；组织已接种疫苗 6 个月以上中方人员进行辉瑞或国药的加强针接种，确保免疫屏障持续有效；对工作和生活场所进行日常消杀；动态储备防疫物资、治疗药品及制氧机等医疗设备，为各营地配备核酸检测仪，确保筛查、诊疗、隔离及解除隔离等措施科学合理有效。加强不同变异株传播特点相关的知识培训，强化员工个人防护意识与能力。进一步健全甲乙方联防联控机制，根据疫情变化及国内外政策适时调整"封闭管理、网格化管控、个人防护、环境消杀、定期检测"五道防线的实施内容。

【党建与思想政治建设】 2022 年，乍得公司党委始终坚持以习近平新时代中国特色社会主义思想为指导，深刻领悟"两个确立"的决定性意义，把坚决做到"两个维护"作为最大的政治。持续推进全面从严治党向纵深发展，不断强化党建与业务深度融合，为公司事业高质量发展提供强大动力。学习宣贯党的二十大精神。班子成员带头宣讲党的二十大精神，党员干部在学思践悟中锤炼了忠诚核心、维护核心、紧跟核心的政治品格。探索海外党建新思路。坚持"五不公开"原则，与中国驻乍得大使馆党委紧密联动，共同开展乍得国别党建"一国一策"课题研究。开展学习型党组织建设。推进学习教育常态化制度化，全年召开理论中心组学习10次，开展公司"大讲堂"4期，推动党员队伍素质的提升。深入开展"转观念、勇担当、高质量、创一流"主题教育活动，形成创效攻关成果4项，精心开展"我为员工群众办实事"活动，在推动发展中彰显党组织的作用和优势。从严治党纵深推进，开展"反围猎"专项行动，与系统内外16家中方承包商签订《甲乙方廉洁从业协议》，明确8个大类48个工作环节的廉洁风险，营造风清气正的发展环境。

（王文君）

中国石油尼日尔公司

【概况】 中国石油尼日尔公司（简称尼日尔公司）前身是2004年5月成立的中油国际（尼日尔）有限责任公司。2008年6月，集团公司与尼日尔政府签订阿加德姆上下游一体化合作项目，成立了CNPC Niger Petroleum S.A.（简称CNPCNP）。2009年2月，中油国际（尼日尔）有限责任公司调整后，下辖上游项目部、管道项目部和中油国际（尼日尔）炼油有限责任公司。2012年11月，中油国际（尼日尔）有限责任公司机构规格调整为副局级。2017年11月，中油国际（尼日尔）有限责任公司划归中油国际西非公司，中油国际（尼日尔）有限责任公司机构设置和人员编制仍延续了先前的情况。2018年10月，中油国际（尼日尔）有限责任公司更名为中油国际（尼日尔）公司，下辖中油国际（尼日尔）上游项目公司、中油国际（尼日尔）炼油公司、中油国际尼贝管道公司3个项目公司。中油国际（尼日尔）公司不设中方专职人员，由上游项目公司人员兼任。2022年5月，按照集团公司"三定"规定，中油国际（尼日尔）公司更名为中国石油尼日尔公司，列集团公司一级企业管理，等级类别初次确定为A级二类。中国石油尼日尔公司管理在尼上游项目、炼厂项目、尼贝管道项目。按照"共享管理"思路，尼日尔公司与上游项目公司设置一套中方机构，履行国别公司、上游项目公司双重职责。中国石油尼日尔公司是中国石油在尼日尔、贝宁地区投资业务管理机构，业务涵盖油气勘探开发、管输和炼化的上中下游一体化产业链，在尼日尔和贝宁油气行业占主导地位，涉及矿税制、产品分成制和公司制三类合同模式，中方权益占比从60%至100%不等，所属项目资产总额58亿美元。

2022年，尼日尔公司在确保一期生产经营安全平稳的基础上，聚焦二期上下游一体化建设，全面推进各项重点工作有序落实，主要生产经营指标较好完成。毕尔玛（Bilma）区块新增探明原油EV可采储量完成年度计划122%；阿加德姆（Agadem）区块油气作业产量完成年度计划110%；炼厂原油加工量完成年度计划106%；二期油田开发地面工程及外输管道建设累计进度分别达到65.5%和66.5%，超出年度计划5%以上；一体化项目净利润考核指标超额完成。阿加德姆（Agadem）区块一期完成油气作业产量当量92.65万吨，完成年度计划的110%。毕尔玛（Bilma）区块勘探许可于2022年4月7日到期，项目公司已向尼日尔石油部提交勘探转开发许可申请，毕尔玛（Bilma）区块新增原油EV可采储量完成年度计划122%。

【油气勘探】 2022年，尼日尔公司加强统筹谋划和组织协调，勘探开发作业有序实施。毕尔玛区块勘探作业结束，按时提交开发许可申请，与政府沟通谈判，推动转开发工作。毕尔玛区块完成探井钻井2口，总进尺3327.00米，平均井深1663.50米，平均机械钻速同比提高5.13%；平均完井周期14.59天，同比缩短1.92%；平均米成本（含搬家）同比下降3.32%。该区块完成试油作业4层。阿加德姆区块完成钻井55口井，总进尺109339.00米，平均井深1987.98米，平均钻井周期10.50天，同比缩短4.79%；平均完井周期15.79天，同比缩短4.33%；平均米成本（含搬家）同比下降0.12%。该区块完成完井作业53口和修井作业7井次。2022年全年无井控安全事故，井身质量合格率100%，固井质量合格率100%，油层段固井质量优质率96%，实现"零事故、零伤害、零缺陷、零污染、零疫情"目标。

2022年4月7日，毕尔玛区块勘探许可到期，为在有限的勘探期内落实并继续扩大储量规模，为二期产能建设提供储量保障，同时不留遗憾退地。在毕尔玛区块部署2口勘探评价井，2022年1月1日开钻，1月16日完钻，进尺3327米，均获油气发现，钻井成功率100%，2月16日完成2口井4层测试，至此毕尔玛区块勘探工作量全部完成，落实崔科斯（Trakes）斜坡亿吨级规模储量区。依托毕尔玛（Bilma）区块已发现油井，共划分开发保留区17块，面积628.2平方千米。2022年4月5日提交尼政府"毕尔玛（Bilma）区块勘探退地报告"。

【油气开发生产】 2022年，尼日尔公司科学安排各项开发工作，有序运行。一期产量运行掌握主动权，各项开发指标优异。在二期产能建设团队的高效组织下，二期产能建设有效平稳运行，边实施、边优化、边调整。滚动评价工作取得新突破，为长远发展提供助力。2022年尼日尔项目公司计划生产原油82万吨，完成年产原油89.6万吨，超计划指标7.6万吨，完成计划指标的109.2%。原油生产为项目公司其他各项生产经营指标的完成奠定坚实的基础。老井产量贡献80%，保障全年产量任务的完成。二期在3个油田群23个断块完钻开发井155口。二期产能建设中，通过采取早期评价、超前研究、快速调整的实施对策，23个已实施断块总井数、总产能高于开发方案；产能井采用黄金轨迹，已完钻的150口开发井单井平均钻遇油层厚度30.7米，较老井增长15.0%，11个完钻断块2P储量较方案增加138.52百万桶，2022年生产完井实施48口。

【炼厂项目生产经营】 尼日尔炼厂项目是中国石油国际勘探与开发有限公司"十一五"期间开发的尼日尔上、下游一体化项目的重要组成部分，也是2011年海外十大重点工程项目之一。炼厂项目于2009年1月15日注册成立，2011年11月28日建成投产，前后历经3年6个月，从2012年1月1日正式由工程建设期转入生产运营期。炼厂项目由四大系统72个单元组成，主要生产装置包括常压蒸馏、重油催化裂化、催化重整、柴油加氢精制、PSA氢气提纯等，设计加工原油能力100万吨/年，主要产品为汽油、柴油、液化气。2022年，面临复杂的市场环境和紧张的疫情防控形势，尼日尔炼厂项目聚焦提质增效，统筹推进生产经营、安全环保、新冠肺炎疫情防控和大检修等各项工作，完善规范化建设，实现健康、稳定的发展，较好地完成全年各项工作。2022年加工原油84.6万吨，生产产品74.4万吨。累计销售汽油、柴油、液化气73.02万吨；实现销售收入4.88亿美元。

【尼贝管道项目工程建设】 尼贝原油外输管道是为尼日尔阿加德姆油田二期原油外输而修建的跨国外输管道工程，跨越尼日尔、贝宁两个国家，起于尼日尔库勒勒（Koulele）首站，终于贝宁塞美港，陆上部分管道全长1950千米（其中尼日尔境内1275千米，贝宁境内675千米），项目主要工程包括尼日尔6座站场35座阀室、贝宁3座站场24座阀室，管道管径直径508毫米，设计压力9兆帕；海工部分包括单点系泊SPM系统、海工码头工程及两条平行铺设的海底管道，每条长度约为14.4千米，管径直径711毫米，设计压力5兆帕。管道工程穿越500千米的茫茫荒漠和3处大型河流穿越，是迄今为止中国石油海外最长的输油管线，且是中国石油首次实施海底管道＋单点系泊系统的海洋工程项目。项目建成后将推动尼日尔和贝宁两个国家的经济发展，实现尼日尔原油出口外销，提高尼日尔上中下游一体化项目的总体经济效益，保障中国石油权益投资顺利回收。截至 2022 年底，尼贝管道项目整体完成进度 68.05%，整体工程进度超前 2.84%，其中详细设计进度完成 97.64%，甲供设备采购进度完成 88.4%，工程建设进度完成 58.86%。

【一期管道生产运行】 2022 年，尼日尔公司一期原油管道项目输送原油 86.60 万吨，消耗燃料油 303.13 立方米，消耗降凝剂 117.05 立方米，实现管道安全、稳定、高效运行。

【提质增效】 2022 年，尼日尔公司坚决推进低成本发展战略，坚持勘探开发一体化、地质工程一体化、技术商务一体化、上中下游一体化，按照一体化协同发展提升项目全生命周期价值。从稳产增油、成本控制、管理创效、修旧利废、合同复议、降库减占、技术创新和优化等 7 个方面入手，将提质增效具体措施落实到位，实现稳产增油 723 万美元，节约投资 565 万美元，控减费用 682 万美元，累计创效 1970 万美元。

【QHSSE 管理】 2022 年，尼日尔公司落实"生命至上、安全第一、环保优先"理念，实现"六个杜绝"和"四零"工作目标，完成上级公司部署的重点工作。体系建设方面，完成本部质量管理体系＋"三基本"专项审核。持续完善 HSE 管理体系和推进质量管理体系建设，完成尼日尔公司 14 个应急预案总部备案，完成 HSE 体系 BSI 认证；持续推进基层站队 HSE 标准化建设和领导安全承包点工作，完成年基层站队 60% 达标的建设任务。关心员工心理健康，加强空中医疗转运应急走廊的建设，完成"5·21"医疗紧急转运和"1026"回国专班。环保管理方面，取得尼日尔恩固提（Ngourti）政府 2022—2023 年度钻井液排放许可，同时做好阿加德姆、毕尔玛和管道沿线环境隐患治理工作；开展一期管道和毕尔玛开发区块环境影响评估工作，为开展相关工作提供政策支持。

【社会安全与风险防控】 2022 年，尼日尔公司实现"杜绝因社会安全管理原因造成中方员工被绑架或致死事件"指标，员工防恐安全培训持证率 100%，社会安全风险评估率 100%，社会安全管理体系或安保计划备案评审率 100%。根据工程建设需要，适时增加商业安保人员 123 人，填补了核心石油设施的安保力量缺位问题。组织召开驻尼日尔中央企业安保工作交流会 6 次，横向了解驻尼央企的安保管理工作情况，分享安保工作管理经验。持续推动与军方和石油部的有关增加武装人员部署的谈判协调，批准二期建设增派 500 名士兵的申请。

【人才强企】 按照集团公司人力资源部"三定"工作实施方案，拟定尼日尔公司"三定"编制方案，组织 3 次专题会议向公司领导班子汇报相关方案，同时与乍得、阿克纠宾、PK等多家海外项目公司持续沟通交流，优化调整方案，完成尼日尔公司"三定"方案报批工作。与集团公司人力资源部劳动用工处和中油国际本部企业文化部沟通协调相关事宜，汇报人力资源管理面临的迫切问题，上报正式人员调配申请2次，完成8人次调配工作。按照集团公司海外业务体制机制优化调整总体规划和部署，完成国别公司领导班子酝酿、报批、班子分工、编制职数分配、领导干部提前退岗、分析研判中层领导人选、上报第一批次中层领导干部配备建议等工作。为确保在2023年全面完成改革任务，打造一只"政治素养高、专业素质强、年龄结构合理"的干部队伍，使用年轻干部，承担关键岗位任务，推动适龄领导干部退岗工作。截至2022年底，确定轮换人选7人，完成退出领导岗位1人，确定提前退岗人选3人。

为回应尼日尔政府本地化诉求和打造公司低成本高质量发展模式需要，编制上报3个项目本地化工作实施方案，2022年尼日尔公司3个项目平均人员本土化率由65%提升至73.79%，本地化比例进一步大幅度提升。

【合规管理及风险防控】 2022年，按照集团公司党组依法合规治企工作部署和"合规管理强化年"工作要求，尼日尔公司落实中油国际公司的各项工作安排，开展合规管理建设工作。法律工作坚持以业务为中心，在促成业务顺利开展的同时，避免各类敞口法律风险，保护公司利益。2022年，法律部配合销售采办部及相关业务部门完成采办入网资格预审117项，投标邀请函（Invitation to Bid，英文缩写ITB）审核100余项，合同审核319项。持续把关对外发函内容，审核各类对外信函421项，确保信函内容准确、合规。2022年10月，在西非公司协调下，尼日尔公司牵头编译的《非洲商法协调组织（OHADA）法律大全》通过法律出版社出版，该书以非洲商法协调组织通过的4个条约条例和10部商事法律为研究对象，对其进行全文翻译和整理，内容涵盖条约、统一法、规则与条例等。2022年，尼日尔公司当地诉讼纠纷4项，均为普通劳动争议案件，其中1项已结案。

2022年，继续组织开展内控手册修订，构建具有公司特色的流程体系框架，涵盖24个业务领域，包括286个基本业务流程，覆盖406个风险点，详细描述406个控制点及流程图，其中298个为关键控制点。完成合同及订单后续管理检查、财务会计信息质量巩固提升、内控测试、"三重一大"决策制度建设和执行情况自查等内部检查；协助完成2020—2021年石油成本审计、刘合年离任经济责任审计的迎审。

【股东事务管理】 2022年，为完善内部重大生产和经营事项的决策机制，形成标准化的工作制度，2022年尼日尔公司完善了法律及股东事务管理办法。

规范内部工作机制，细化工作流程，做到工作流程标准化。尼日尔公司以产品分成合同（PSA）及联合作业协议（JOA）关于联合作业委员会（AC）及管理委员会（MC）的相关规定为依据，召开3次联合作业委员会会议及管理委员会会议。同时，根据公司内部管理程序，组织召开内部管理委员会会议33次。关于炼厂和台湾中油的补偿事宜，2022年7月4日，尼方同意"台湾中油补偿炼厂解决方案"，7月8日，完成补偿协议签署。2022年，尼日尔公司深入落实公司治理和行权管理要求，在毕尔玛转开发、管输协议谈判、成本回收审计、境外账号开户、二期计量、电站供油等事项的处理过程中，坚持中方立场，识别和防范各类法律风险，促进公司提升合规管理，维护股东合法权益。

【数字化气田建设和科技创新】 2022年，尼日尔公司勘探领域不断深化油气富集成藏规律研究，地质新认识引领"两次重大勘探方向转移"，在毕尔玛区块崔科斯斜坡进行整体油气勘探部署方案，终获重大突破，落实亿吨级优质规模储量。"复杂裂谷盆地走滑构造控藏理论技术与中西非勘探重大突破"获中油国际公司科学技术进步奖特等奖；上报中油国际公司2022年度新技术新产品推广应用实施计划，包括水平井分段防砂控水完井技术，近钻头地质导向钻井技术，并组织实施应用，全年实现经济效益6157万元。阿加德姆区块推广应用氨基钻井液和导管预埋等新技术。高性能氨基钻井液应用效果显著，技术逐渐成熟，共应用52口井。

2022年，尼日尔公司根据数字化整体蓝图，设计11个一级应用场景，41个二级应用场景，5类配套建设内容。按照"突出重点、急用先建、分步实施"的原则逐步推进。基于集团公司技术支撑，有效搭建勘探开发、生产运行、经营决策"三位一体"的运管平台，提升数据资产化能力，协同创新研究能力、生产运营管控能力、经营组织管理能力，完成智能化生产、共享化研究、一体化运营3种管理模式的变革，实现智能海外勘探开发赋能公司高质量发展。2022年度完成光传输系统、微波传输系统、太阳能供电系统的建设，库勒勒、迪贝拉完成3G移动信号的覆盖，油田互联网出口带宽自4月由20兆字节提升至60兆字节。油田通信网已基本形成，为二期油田的开发生产工作提供有力保障。

【地面建设管理】 2022年2月15日，Gololo W-1区域先期试采12口井正式投产；2022年3月16日，固漠瑞联合站（Goumeri CPF）土建开工；5月13日W10-W2单杆单回路架空线路正式投电；5月31日，关键设备订货完成，完成内燃发电机出厂检验；6月22日，3万立方米储罐主体开始安装；8月31日，详细设计主体关闭；9月15日，透平发电机运抵沙漠现场；10月31，日内燃发电机组及电站附属设施到场；12月27日，福吉地、迪贝拉、库勒勒三大油田群站间干线施工完成。

【党建和思想政治建设工作】 2022年，尼日尔公司深入贯彻落实学习党的二十大精神。党的二十大召开之际，牵头组织所属单位和油田现场、管道、炼厂项目全体干部员工通过电视和互联网等方式收听收看党的二十大盛况。第一时间组织召开领导班子学习研讨会，认真学习习近平总书记代表第十九届中央委员会向党的二十大所作的报告，组织全体干部员工观看中央电视台"焦点访谈"节目对党的二十大报告的解读。邀请中国驻尼日尔大使蒋烽到尼日尔公司主持召开学习宣贯党的二十大精神座谈会，作为在尼日尔中央企业代表参加驻尼使馆举办的"学习贯彻二十大精神动员部署会议"，跟踪落实后续各项工作，开展各种形式学习活动。

全面开展"转观念、勇担当、强管理、创一流"主题教育活动，举办"高管大讲堂"系列活动，700多人次在线上线下参加活动。为提升干部队伍涉外工作能力水平，尼日尔公司与中油国际公司本部质量安全环保部结对联学联建，开展尼日尔公司涉外培训专班，从"外交与国际视野""跨文化交流""国家安全""国际传播"四大领域进行课程专业设计，从不同专业角度深度解读党的二十大精神。提高党支部战斗力，各所属党支部严把党员"入口关"，发展党员9名，转正预备党员7名，做好入党前学习工作，确保党员发展质量。完成"三基本"与"三基"工作在QHSE领域有机融合试点工作，融合试点工作清单中的10项内容都得到落地实施，切实做到事事有安排，件件有着落；融合试点专项"岗区队"创建活动完成4个示范岗、2个责任区、3个突击队的创建验收工作。

【企业文化建设】 2022年，尼日尔公司坚持意识形态阵地管控，依据尼日尔当地条件，因地制宜通过网络下载相关学习培训课件，进行常规意识形态学习教育，对集团门户网站、微信公众平台、OA系统等各类意识形态阵地进行学习全覆盖。着力在尼日尔二期一体化项目建设期间，打造符合当地发展特点的企业宣传文化工作制度建设，年初出台《尼日尔二期一体化宣传工作管理办法》。落实国务院国资委在尼日尔开展跨文化融合工作，进一步提升一流中资企业国际形象工作要求，结合尼日尔国情及业务实际开展情况，尼日尔公司按照前期制订的计划，着力打造"十个一"（一部社会公益回馈纪录片《清润撒哈拉》、一系列贯穿上下游产业链公众开放日活动、一部社会责任报告、一个国制公司网站、一部跨文化传播手册、一次中尼能源合作可持续发展论坛、一部内部刊物

《撒哈拉之光》、一部形象宣传片、一轮尼日尔石油工业发展史图片巡展）内外宣系列产品，取得显著成果，在尼日尔社会媒体中全方位、真实立体展现中国石油品牌形象，生动讲述中国石油回馈资源国社会公益事业发展故事，传播出中国石油在尼日尔精诚合作、互利共赢、绿色环保和可持续发展理念，整个项目打造云开放视频《中国石油在尼日尔》、宣传片3部、持续打造完善社会公益回访纪录片《清润撒哈拉》。

【社会责任】 强化攻关、尽职履责，为二期项目建设提供和谐有利的石油社区环境。继续做好恩固提地区公益活动。完成恩固提地区7口水井新建，为恩固提市政府清沙，为当地牧民捐赠房屋建材，为管道沿线牧民供水2.3万吨。公益事业花费96.01万美元。截至2022年底，累计为油田作业区百姓打水井113口，建教室94间，建诊所5间，管道沿线取水点14个。二期一体化建设对外宣工作需求，聚焦重要事件、合作共赢、中尼友谊、可持续发展和当地用工培训等方面，在当地各大主流媒体正面宣传52篇次，电台报道3次，与当地主流媒体萨赫勒、《历史车轮报》、尼日尔国家电视台签订合作协议，树立了中国石油良好的品牌形象。

（苏子开）

中国石油加拿大公司

【概况】 2009年9月，中油国投（加拿大）公司经中油国际批准成立，2018年10月更名为中油国际（加拿大）公司。2022年5月，集团公司海外业务体制机制优化调整，原中油国际（加拿大）公司撤销，成立中国石油加拿大公司（简称加拿大公司）。加拿大公司管理着麦凯河项目、多佛油砂项目、白桦地天然气项目、都沃内天然气项目、LNG项目激流管道项目和中加公司项目，业务涵盖油砂、重油、页岩气、致密气、LNG以及常规油等领域。

2022年，加拿大公司践行"转观念、勇担当、强管理、创一流"主题教育活动，贯彻集团公司"五提质、五增效"十大举措，坚定不移按照"严控投资、退油增气、有效发展"的经营策略，围绕"油"和"气"两个资产组，转变观念，拓展思路，突出价值创造，落实低成本发展和全生命周期成本管控，着力解决资产项目治亏的难点和瓶颈问题，形成亏损治理的长效机制。2022年，加拿大公司完成油气权益产当量173.32万吨，实际完成投资5.97亿加元（4.82亿美元）。都沃内、白桦地和激流管道3个项目持续保持"双正"，麦凯河、都沃内、白桦地和激流管道4个在产项目整体实现"双正"。

【机构改革】 2022年5月23日，集团公司海外业务体制机制优化调整，原中油国际（加拿大）公司撤销，成立中国石油加拿大公司，为海外国别公司，列一级企业管理。

【HSE管理】 2022年，按照集团公司和中油国际公司对QHSE工作的总体要求，加拿大公司围绕都沃内项目钻完井和压裂作业、油砂项目稳上产和加密井钻井作业准备、新冠肺炎疫情防控等重点工作，持续完善QHSE管理体系和工艺安全管理体系，以97%的高符合率通过年度体系审核；落实安全生产责任，加强QHSE和工艺安全风险防控，推进环保合规管控、碳减排、质量计量管理，严格做好职业健康危害管理、应急管理、新冠肺炎疫情防控和健康促进，保持良好的QHSE业绩，完成中油国际公司下达的QHSE目标和指标，为加拿大公司实现生产经营目标提供坚实保障；在加拿大疫情继续处于高风险的背景下，持续跟踪研判疫情形势，分析防控措施的有效性，动态调整疫情防控规定，足量储备防疫物资，确保防控措施合法、合规、合理、有效，实现"杜绝传染病亡人事故、疫情聚集性感染"的目标。

【麦凯河油砂项目】 2022年，加拿大公司麦凯河油砂项目落实中油国际本部制定的"一项目一策"及"减亏扭亏"工作方案，加强与国内技术支持团队的合作，优化现有井动态调控，实施生产井提液129井次、注汽井蒸汽量分配优化105井次、优化注气压力98井次、侧钻井生产参数优化47井次、实现措施增油1267桶/日，项目生产汽油比从5.9下降至5.6；对高压差井组进行生产井井筒蒸汽吹扫29井次、酸化3井次和酸洗4井次试验，有效降低了井组压差，提高井组产能。

【激流管道项目】 2022年，加拿大公司激流管道项目实现管道安全平稳输送。采用SCADA系统和在线泄漏检测系统在卡尔加里中心全天候进行监控和操作，及时开展在线管道缺陷检测并进行必要的开挖维修；对站场和阀室设备的定期维护和维修来保障管线平稳运行；定期检查沿线阴极保护，确保正常运行，保护管道不发生外部腐蚀；定期维护管道通行路及站场周围环境，确保满足事故抢修顺利进行的必要条件，同时降低森林火灾危急站场设施的风险。2022年输送原油268万吨，超出年度计划8万吨，同比增长0.4%。

【都沃内项目】 2022年，加拿大公司都沃内项目比计划提前23天完成6口新井的钻井任务，投资节约10%，钻井施工效率同比提高40%，成功完钻都沃内项目最长的井（井深7730米，水平段长4217米）；安全平稳完成压裂完井作业，较预算节约11%，最长压裂水平段长度4334米，单日最高压裂13段，两项均创项目最高纪录；6口新井于8月23日全部实现投产，日产平均油气当量239吨，超过计划预测水平；加快推动开发调整方案审批，已通过中油国际审查，集团公司正在审批中，争取早日获批，为后期上产奠定基础。

【白桦地项目】 2022年，加拿大公司白桦地项目采用双压裂等新技术，完成6口井383个井段的压裂作业，平均压裂效率32.7段/日，远好于12段/日的压裂计划，井段压裂成功率100%，实现9-14井组比计划提前一个月开始返排试产工作；加快天然气厂检修进程，优化间歇式开井周期，努力增加老井生产时效，保持生产，2022年老井递减12%，好于预期的全年递减15%的目标。

【LNG项目】 2022年，加拿大公司LNG项目全面加强项目管控力度，应对项目执行风险，全力推进项目一期建设，一期LNG工厂全年实际完成进度达78%，CGL管道工程部分预计全年总体进度实现超过80%，完成年初下达的75%及70%的进度指标；成功签署CGL管道建设修订协议，避免管道建设系统性风险，力促CGL管道先于LNG工厂建设完成。

【中加公司项目剥离】 2022年1月初，中加公司完成乎利项目剥离和7个租约退出；麦凯Ⅲ资产于11月初收到股份公司评估备案批复，年内完成内部转让至加拿大公司；继续寻找及推进孤石资产剥离的机会。

【资源优化】 2022年，加拿大公司组织抓紧推动横山管道管输量整体永久转让，就2.3万桶转让与霍利福兰特（Holly Frontier）公司达成意向，最终转让成功后有望降低照付不议成本约5600万加元/年。都沃内项目通过重新投标将阿莱恩斯（Alliance）管道美国段管输费降低0.14美元，每年节约成本约230万美元；与卡瑞亚（Keyera）管道公司签订6个月的转让彭比纳管道（Pembina）分馏处理服务协议，转让彭比纳管道下多余分馏处理能力，合同期内可节约46万—92万加元。白桦地项目转让或终止冗余天然气管输量，减少管输负担240万加元。麦凯河项目与森科公司（Suncor）就道路协议复议，将初始成本回报率从11%降低至9%，每年节省道路成本15万加元。

（瞿华平）

中国石油中东公司

【概况】 1997年6月4日，中国石油签署伊拉克艾哈代布油田开发项目，中国石油在中东地区的石油勘探与开发合作开始起步。2009年12月，股份公司成立中国石油股份有限公司伊拉克公司（简称伊拉克公司），行政上由股份公司直接管理，业务上归中国石油海外勘探开发公司管理，为正局级。12月，集团公司决定，在中油国际（伊朗）有限公司基础上成立中国石油天然气集团公司伊朗公司，为正局级（简称伊朗公司）。伊朗公司行政上由集团公司直接管理，业务上归中国石油海外勘探开发分公司管理，为集团公司内部海外业务区域性管理机构。2015年12月，集团公司强化对中东地区布局的战略管理，整合伊拉克公司、伊朗公司，以及中国石油海外勘探开发公司直接管理的中油国际（阿联酋）公司、中油国际（叙利亚）公司、中油国际（阿曼）公司，组建中国石油中东公司并和中东地区协调组合署办公。2017年7月，中国石油中东公司按照集团公司实施海外油气业务体制机制改革部署，更名为中油国际中东公司。2021年3月，根据中国石油组织体系优化调整实施方案，中油国际中东公司更名为中国石油中东公司（简称中东公司）。中东公司在伊拉克、伊朗、阿曼、阿联酋、叙利亚等5个国家以技术服务、回购、矿税制、产品分成等4种合同模式，同埃克森美孚（ExxonMobil）、英国石油公司（bp）、法国道达尔能源（Total Energies）、壳牌石油（Shell）等18家合作伙伴，合作15个石油勘探和开发投资项目；并协调在伊拉克、伊朗、阿联酋、阿曼、叙利亚、科威特、沙特阿拉伯、卡塔尔等8个国家和地区中国石油服务保障单位业务。业务涵盖工程建设、工程技术、物资装备、技术支持、后勤保障、原油贸易、金融服务等产业链。中东公司实施做大中东战略任务，高质量打造中国石油海外业务"一带一路"合作旗舰。"十三五"期间，权益年产量增长450万吨以上，2019年迈上年作业产量1亿吨新台阶，经营效益和规模同步提升。中东公司已连续四年保持作业产量过亿吨，权益产量过5000万吨，投资回报率保持在较好水平，同时发挥中国石油"一体化"优势，实现投资与服务保障业务协调发展，实现"十四五"良好开局。

2022年，面对新冠肺炎疫情持续、地区形势日趋复杂和社会安保局势严峻等困难挑战，中东公司贯彻落实集团公司决策部署，围绕年度工作目标，开展主题教育活动，推进提质增效价值创造行动，推动体制机制优化方案落实，超额完成年度生产经营指标，地区业务协同发展取得成效，质量健康安全环保形势稳中向好，推动了中东业务高质量发展。2022年，中东公司原油生产超计划完成，市场开发取得新成效，勘探工作取得新突破，新项目开发取得新进展。完成原油作业产量10768万吨、权益产量5338万吨，分别完成年度计划的105%和107%，其中9个项目超额完成计划产量目标；投资业务全年实现净利润10.32亿美元、净现金流4.91亿美元，分别完成年度预算的161%和131%；服务保障业务新签合同额31.03亿美元，同比增长43%；年度完成合同额28亿美元，与2021年同期基本持平。国际贸易落实一手原油资源量2.77亿桶，较2021年增长8%。

【投资效益】 2022年，中东公司推进优化投资、控降成本措施，实现良好投资效益。各投资业务推进稳产增油、降库减占和优化设计等措施，累计增收7142万美元，控减成本11580万美元。桶油操作成本3.2美元，较预算降低19%。艾哈代布项目推进"万桶增油攻坚战"，深入挖掘关停井及在产井的增产潜力，全年累计增油120万桶。哈法亚项目推动复工复产，持续控制投资节奏，加强招标策略管理，对重大采办项目从源头进行成本审核控制。鲁迈拉项目强化提油回收各环节的衔接，关注提油动态和回收池余额，加快现金回收取得实效。西古尔纳项目减少非关键的生产、后勤、维修等费用支出，伊朗北阿项目控减管理费用，MIS项目通过减员增效等措施实现营业成本降低，阿布扎比项目联合伙伴推动优化工作部署，阿曼项目实施成本减控和投资优化措施。

【提油情况】 2022年，中东公司优化提油策略，实现份额油应提尽提。抓好发票审批、提油量落实等关键环节，强化与资源国政府和国际事业（中东）公司的协调沟通，把握油价上升的契机，加快提油回收，全年完成份额提油1亿桶，同比增加213万桶，收入97.05亿美元，同比增加47%。伊拉克各项目克服各种不利因素，紧盯关键节点及重点月度，通过高层推动及项目协调，采用更加灵活的拼装策略，确保了份额油足额回收，全年完成提油2166万桶，销售收入21亿美元，同比增加8%。阿布扎比各项目应对产量频繁调整，优化提油策略，妥善管控风险，协调国际事业（中东）公司灵活装船，保持提油平稳高效，全年完成提油7543万桶，同比增加15%，销售收入73.3亿美元，同比增加66%。阿曼项目利用确定提油量提前预估机制，确保按月足额提油。伊朗各项目跟踪美伊局势变化，推进项目回收金额确认工作，为重启提油做好准备。

【服务保障业务】 2022年，中东公司对域内各服务保障业务实施精益化管理，实现服务保障业务质效双增。服务保障业务落实精细化管理，通过加强施工组织、强化经营管理、优化设计方案、提升钻井速度、实施集中采购等方式，累计增收4606.57万美元，控减成本2031.5万美元。大庆油田中东分公司通过大宗物资集中招标，择低分类选商采购，研发加热装置代替人工加热等措施，控减成本67万美元，实现增收79万美元。工程建设中东各分公司优化设计，加强分包管理，加大采购复议和清关运输筹划，统筹剩余物资再利用，加强资金筹划，全年实现增效2836万美元。渤海钻探中东事业部强化后勤保障，降低设备维护成本和作业成本，严控非生产性支出，全年控减成本145万美元。长城钻探公司中东项目通过钻井提速、修旧利废、压控人工成本等措施，控减成本550万美元，增收630万美元。管道局中东地区公司各项目多渠道压减现场成本，优化设计和施工方案，建立监督考核机制，加强分包结算管理，全年控减成本46万美元，实现增收114万美元。寰球工程中东公司通过落实四精管理、盘活营地出租、统筹项目执行，全年增收80万美元，控减成本110万美元，实现净现金流为正。

【油气生产】 2022年，中东公司优化生产组织，确保产量线上运行。各项目结合自身实际，高效落实"一项目一策"方案，加强油藏管理和生产优化，加大措施作业力度，强化油田规模注水，挖掘关停井潜力，应对限产限输，推动复工复产，保持了生产主动。鲁迈拉、阿布扎比陆上、海上下扎、海上乌纳、陆海、西古尔纳、哈法亚、伊朗北阿和阿曼9个项目超额完成计划产量目标，权益产量超产347.7万吨，为实现权益产量目标作出了贡献。

【重点产能项目】 2022年，中东公司围绕稳产上产，稳步推进重点产能项目建设。在确保安全环保和新冠肺炎疫情防控的前提下，各项目按照年度工作计划，推动重点产能项目建设。艾哈代布项目关键设施第三方腐蚀评估项目稳步推进，油管线穿管等项目进入招标阶段。哈法亚项目高压注水站升级改造工程11月完成试运并投产；天然气处理厂完成LPG球罐整体安装，项目完成进度71%。鲁迈拉项目DS3站新建游离水分离器工程主体部分完成进度99%，预计2023年6月建成投产；DS5站新建脱盐脱水装置完成12%。西古尔纳项目DS6站连接工程完成97%，产出水处理二期完成工程进度93%，20万桶原油处理列OT2/3项目和游离水分离器安装工程成功授标。阿布扎比陆海项目二期Belbazem油田群整体开发EPC工程按计划推进，完成总体进度51%。

【油气田开发】 2022年，中东公司强化技术支持力度，提升油田开发水平。迪拜研究院加强高层次人才引进，务实推进中东重点项目技术支持，提升区域技术支持能力和技术攻关水平。迪拜和阿布扎比技术支持分中心做好中方主导项目的靠前技术支持，帮助油田解除限产后的快速复产，持续加大勘探开发力度，推动油田增储上产。哈法亚项目全年实施 6 口井多级压裂，压裂后陆续投产的六口井都在稳定生产中，平均产量约 950 桶 / 日，为低渗油藏的规模有效开发积累经验。西古尔纳项目完成对 Sadi 油藏两口 600 米水平井分段压裂，为难动用储量的合理开发进行了有益探索。阿曼项目加强对中浅层断块潜力圈闭的研究和评价筛选，部署的 2 口勘探评价井均获油气显示和有效油气层。

【市场开发】 2022 年，中东公司加大宣介拓展力度，市场开发取得进展。服务保障业务全年新签合同额 31.03 亿美元，同比增长 43%。国际事业（中东）公司首次中标阿布扎比国家石油公司 LNG 自由贸易资源量 6.4 万吨、与中东 7 大产油国签订年总量为 1.96 亿桶的长约合同，并首次与 Snetor 公司达成两单 630 吨聚丙烯销售交易合同。西部钻探中东服务公司开拓埃及钻修井新市场，续签 23 口钻修井工作量。长城钻探公司中东项目优化投标报价策略，获科威特国家石油公司 3 钻 4 修授标函，首次将钻机引入科威特市场。工程建设伊拉克地区公司全年新签项目 12 个，签约了美孚在伊拉克投资最大单体项目——西古尔纳 –1 油田 OT2/3 项目，以及 bp 在伊拉克投资的第一个新建油处理设施项目。工程建设海湾地区公司全年新签约项目 7 个，获西东管线 FEED 项目，实现了产业链向前期 FEED 设计的延伸，获迪拜 950 兆瓦太阳能光电安装施工分包项目，实现海外新能源业务突破。寰球工程中东公司签订沙特年产 120 万吨乙烯和 50 万吨 PDH 新材料一体化项目，实现下游核心业务新突破。

【服务保障业务】 2022 年，中东地区各服务保障单位着重提升支持保障能力，推动重点项目按计划运行。中东地区工程技术服务项目 123 个，工程建设项目 34 个，均按计划正常运行。各单位精心组织，不断提升管理水平和服务质量，为投资业务增产增收提供有力保障。国际事业（中东）公司与 bp 就 BECL 合资公司提油协议谈判取得成果，维护了中方利益。长城钻探公司阿曼项目持续提速提效，跨国调动钻机仅用 92 天开钻，多次获甲方表扬。工程建设伊拉克公司承建的艾哈代布项目、哈法亚 GPP 项目、鲁迈拉 BNGL 项目、西古尔纳 303 项目、祖拜尔脱气站扩建项目等在建项目按计划进行。其中哈法亚油田三期 EPCC 项目继 2020—2021 年度获中国建设工程鲁班奖后，2022 年获国家优质工程金奖。东方物探阿联酋项目部在阿联酋市场通过实施浅水多功能船技术攻关，补齐行业缺口，填补空白。管道局阿布扎比原油储罐维护项目协助业主抵御 30 年一遇的巨大洪涝灾害，按时完成三座 15 万立方米储罐的紧急投产任务。寰球工程中东公司沙特低温液氮罐项目作为中东地区第二大低温储罐顺利交付。

【体制机制优化调整】 2022 年，中东公司坚决贯彻执行集团公司海外业务体制机制优化调整的部署要求，结合地区实际，制定中东大区公司组织机构优化调整细化方案，明确大区部门职责，梳理完成各业务说明书、流程文档、风险控制节点、权限手册和制度清单，完善与矩阵式协调管理相配套的管理机制和流程，加大地区和国别层面协调力度，推动成立中东地区 FZE 海外技术商务支持平台，提升支持服务主业发展的能力。按照集团公司海外业务改革要求，推进对域内单位的业绩管理工作，组织召开业绩考核讨论会，在征求各服务保障单位意见和建议的基础上，编制印发中东地区服务保障单位业绩考核指引。针对服务保障单位不同业务类型，突出考核重点，差异化分类设置考核指标，实现对域内服务保障单位业绩考核管理全覆盖。中东公司区域协调管理能力得到加强，技术、法律和商务服务支持能力得到提升，体制机制改革工作在先立后破、不立不破的原则指导下顺利完成，员工队伍稳定，没有发生工作对接错位、缺位、漏项问题，确保体制机制优化调整落地实施。

【商务运作】 2022 年，中东公司伊拉克项目以 IOC 论坛为平台，联合国际石油公司，推动落实限产补偿的技术、商务确认和回收，哈法亚项目、西古尔纳项目全年确认补偿权益产量合计 20 万吨。艾哈代布项目推进合同接续问题解决，经过持续努力实现采油厂多个关键生产合同的授标。北阿项目完成 2021 年二季度提油权益确认，三季度、四季度提油权益已与伊方达成一致。MIS 项目油田交接顺利推进，油田设施操作权已完成移交。阿曼项目通过研究借鉴石油合同及 JOA 中相关规定和实践做法，解决了存货历史遗留问题。大庆油田中东分公司妥善处置绿洲运维项目的投标不反对函问题，防止了外溢风险。

【新项目开发】 2022 年，中东公司新项目开发取得突破。协调推动鲁迈拉合资公司 BECL 完成资产重组交割，自此中方控股的 BECL 替代 bp 成为项目牵头合同者。推动火星项目和解方案及牵头合同者移交工作，和解方案已达成原则性共识，交接工作计划稳步推进。阿曼勒克威尔油田项目完成服务合同签署并于 8 月正式开工，48/60 区块评价工作有序开展。卡塔尔北方气田扩容项目取得实质性进展，中东公司与卡塔尔能源已开始进行 LNG 购销协议谈判。

【绿色低碳】 2022 年，中东地区各单位在绿色低碳发展中取得新成效。谋划新形势下实现中东业务绿色低碳发展的应对策略，在抓好现有油田开发项目上产稳产的同时，密切跟踪天然气项目合作机会，推进节能降耗和温室气体减排，开拓新市场新领域新业务。组织油气业务各项目做好月度能耗及碳排放数据统计，推动制定并落实有针对性的节能减排措施。鲁迈拉项目推进低碳减排工作，年度减少火炬排放 142 万米^3/日。阿曼 5 区油田成为阿曼首个实现伴生气全利用、常规火炬全熄灭的石油公司，提前 5 年完成阿曼政府要求，节能减排与绿色发展迈上新台阶。

【安全管理】 2022年，中东公司坚持"员工生命高于一切"的理念，强化对HSSE制度、体系及安保措施的落实，组织开展区域内5个国家26个重点项目现场和视频安全大检查，精准施策持续做好新冠肺炎疫情防控工作。2022年，中东地区累计人工时首次超过1亿，实现"六个杜绝"的业绩指标，没有发生无损工时人身伤害事故。艾哈代布项目组织开展国务院国资委参加指导的社会安全突发事件应急演练，受到国务院国资委、集团公司的好评；哈法亚项目三年专项整治行动收官，加强安全隐患治理，做到专项活动落实落地；鲁迈拉项目推进低碳环保工作，火炬改造和污水池治理项目进展显著；西古尔纳项目落实员工安全生产责任，重大安全风险得到有效管控；伊朗项目有效应对头巾事件，确保项目安全运营，MIS项目平稳完成移交，员工有序安全撤离；阿布扎比项目参与伙伴安全论坛，提出强化承包商安全管理建议；阿曼项目再次通过一体化安全体系审核，持续提升安全管理水平；大庆油田中东分公司通过多维度生产安全培训、事故案例回头看等典型安全管理方法，提升工程服务质量和安全业绩表现；长城钻探公司中东项目用良好的安全业绩和过硬的施工质量，在科威特不断开拓国际市场；渤海钻探中东事业部开展井控工作，举行现场井控演习，锻炼了处置井控突发事件的应急响应能力；工程建设公司承建的伊拉克巴士拉天然气轻烃回收处理厂项目，执行十大安全管控措施，获壳牌颁发的"卓越安全业绩"证书；东方物探阿联酋及沙特项目严格执行安全作业标准，分别实现1173万和1300万人工时无损工伤害事故良好记录；管道局中东地区公司沙特项目对接沙特阿美公司先进的HSE管理标准，强化运行体系建设，获得沙特阿美公司"最佳HSE承包商"表彰。

【区域协调】 2022年，中东公司发挥牵头单位作用，按照国务院国资委的统一要求，组织开展"1026"临时航班接返滞留人员专项工作，组织伊拉克和阿联酋中国石油自主包机8架次，接返1866名员工回国，分别占集团公司包机总数的67%，占接返回国员工总数的82%，破解了新冠肺炎疫情期间海外员工回家难题，赢得国务院国资委、驻外使馆和集团公司高度肯定，用实际行动践行了习近平总书记"人民至上，生命至上"的理念。在整个专项工作中，区域内各单位团结配合，服从整体协调，表现出较强的大局观念、责任意识和担当精神。

【一体化优势发挥】 2022年，中东公司加强对内部市场行为的协调监督，协调解决投标过程中的问题，推动地区业务协同发展。全年审核完成域内13家服务保障单位的投标备案申请327项，涉及合同额272.6亿美元，协调处置内部争议7项，维护了内部市场秩序。搭建内部资源共享平台，坚持服务保障业务双周工作例会制度，通报工作进展动态，共享商务信息，研究市场策略，组织重点在建项目复工复产。中东公司主要领导先后前往大庆油田中东分公司、工程建设中东公司、工程建设海湾公司、东方物探阿联酋项目部等单位实地调研。在甲方、乙方共同努力下，全年投资业务带动服务保障队伍完成合同额13.4亿美元，新签合同额10.9亿美元。自进入中东地区以来，服务保障业务已累计完成合同额417.74亿美元。

【合规管理】 2022年，中东公司落实"合规管理强化年"工作部署，持续推进合规管理及风险防控体系建设，组织开展全员合规培训，与埃克森美孚、bp等进行合规管理专题交流，提升依法合规治企能力。配合股东开展陆上项目股东联合审计、海上项目2020—2021年度成本分摊和直接费用审计，发挥了审计监督和股东维权作用。编制完成中东公司2023年度风险防控报告，组织制订年度重大风险管控方案和防控措施，促进中东公司风险防控能力提升。加强资金安全风险防控，组织域内单位参加税务专项研讨，及时掌握税法动态，协调做好税务合规工作，有效应对资金和税务等各类风险。

【跨文化融合传播】 2022年，中东公司牵头完成了由中宣部、国务院国资委和集团公司下达的伊拉克跨文化传播任务。开通运营了3个社交媒体账号，粉丝量19.52万，在伊拉克知名媒体发布专题报道12篇、技术开发研究成果2篇，与伊拉克2个智库、6所高校、15家媒体建立合作沟通机制，编制并发布《中国石油助力伊拉克石油工业发展策略研究报告》《伊拉克传播话语体系研究报告》《中国石油在伊拉克企业社会责任报告》3篇报告，组织捐赠当地高校图书、开展中国石油冠名的巴格达大学足球赛等文化融合交流活动4次。中东公司既加强对政府、智库、主流媒体、相关机构的宣传，更是面向基层，贴近民众，教育引导当地员工进行中华文化传播和中国石油在伊拉克的正面宣传，努力争取最广大民众的支持和拥护，夯实社会民意基础，扩大知华爱华的"朋友圈"，向外界展示一个真实、立体和负责任的中国石油良好形象。受到国务院国资委的肯定。

【伊拉克国别研究及社会责任报告发布】 2022年12月15日，中东公司于迪拜、北京、巴格达三地同时发布《中国石油助力伊拉克石油工业发展策略研究报告》《中国石油在伊拉克企业社会责任专题报告》。报告由中东公司与国内外有关单位、伊拉克智库、高校联合撰写。中国驻伊拉克特命全权大使崔巍，国务院国资委相关领导，中阿改革发展研究中心秘书长、上海外国语大学教授王广大，伊拉克大学教授阿明·阿巴斯，摩苏尔大学教授阿卜杜勒·卡里姆，巴格达大学教授拉希德·法里德，中国石油集团企业文化部副总经理沈中，中东公司总经理王贵海，迪拜中阿卫视台长、中阿卫视国际智库首席专家杨威等中伊两国政府、企业代表、高校学者、智库专家、新闻记者、伊拉克青年学生团体、中东公司管理层干部、员工代表，伊拉克艾哈代布项目、哈法亚项目、鲁迈拉项目、西古尔纳项目及中国石油在伊拉克工程技术服务单位等一百余人参加线上发布会。

【人才强企工程】 2022年，中东公司贯彻落实集团公司"人才强企工程"部署要求，严格执行党管干部党管人才原则，健全人才培养选拔使用机制，畅通人才成长渠道，加强年轻干部培养，统筹人员轮换配置，为中东公司业务发展提供人才保障。全年投资业务完成22名干部选拔使用、3名年轻干部培养，推荐近期可进一步使用的优秀年轻干部人选4人，中东域内完成84人次的人员轮换及配置。推动新成立的BECL和西古尔纳公司新增18名中方管理岗，选派21名中方人员进入BECL和西古尔纳联合公司，为人才成长提供实践舞台。注重班子和干部队伍建设，打造忠诚干净担当的人才队伍，2022年，中东公司领导班子综合考评位列集团公司海外企业第二、在集团公司139家直属企业中排名第九。

【青年团员工作】 2022年5月4日，中东公司团委组织召开"奉献青春勇担当，赓续辉煌创一流"岗位讲述暨纪念建团百年中东青年座谈会。中东公司总经理王贵海参会，听取优秀团员青年岗位讲述发言并与大家亲切座谈，畅聊青春梦想，共话中东油气业务发展，寄语青年成长。会议由中东公司副总经理韩绍国主持。活动设迪拜主会场和三个分会场，中东公司本部及各项目相关负责人和49名团员青年代表参加。

【接受中国驻阿联酋使馆领导】 2022年10月9日，中国驻阿联酋大使张益明到中东公司检查指导工作。张益明大使一行参观了中国石油在中东地区的业务展览并听取了中东公司工作汇报，了解公司生产经营情况、发展成果与业务展望。张益明大使对中国石油在中东地区取得的成绩给予了充分肯定，认为中东公司在阿联酋中资企业中发挥了引领作用，在中东复杂严峻的安全防恐和新冠肺炎疫情防控形势下，保持了生产平稳运行，员工队伍稳定，营收稳定增长，取得的成绩来之不易。

【中阿政企对接】 2022年10月17日，中东公司总经理王贵海参加中阿政企对接会。本次政企对接会由迪拜总领馆主办，"拥抱中国"执委会及阿联酋中国商会承办。中国驻迪拜总领事李旭航、"拥抱中国"执委会主席马吉德亲王、迪拜经济旅游局经济发展CEO哈迪·巴德里、迪拜主要政府机构和大型企业代表及100余家中资企业主要负责人出席会议。中东公司总经理王贵海作为阿联酋中国商会会长单位代表致辞。

【企业党建工作】 2022年，中东地区党工委充分发挥党组织的政治核心作用，加强党的建设，强化政治引领，强化组织建设。充分利用党工委中心组、"三会一课"、学习研讨、线上视频等方式，持续深入学习习近平系列重要讲话精神、党的二十大精神，以及集团公司党组的决策部署，树牢"四个意识"，坚定"四个自信"，自觉做到"两个维护"；组织开展专题民主生活会、基层党组织生活会及党建责任制考核评议工作。召开21次党工委常委会、25次党建及协调组工作例会、调整充实了3家服务保障单位的党工委委员、完成了投资业务12个基层党支部换届选举、6名预备党员的发展。

2022年，中东地区党工委深入开展二十大精神的学习，中东公司领导班子带头动员和宣讲，参加上级党组织举办的"党的二十大"线上专题辅导讲座，组织4次中心组集中学习。投资业务开展集中学习研讨24次、参加人员560多人次。服务保障业务单位组织党员参加线上和线下培训297人，通过学习，学员干部深刻领悟了党的二十大提出的新思想、新论断、新要求，以及对国有企业能源企业作出的新部署。深入开展"转观念、勇担当、强管理、创一流"主题教育活动，投资业务对标查找并落实整改问题6个方面18项，推进提质增效价值创造走深走实。

2022年，中东地区党工委深化党风廉政建设，营建守正创新、干事创业的良好政治生态。组织召开2022年度党风廉政建设和反腐败工作会议，加强对"一把手"和领导班子的监督管理，强化民主集中制和"三重一大"事项决策制度落实，进行新冠肺炎疫情防控、提质增效等专项工作督查。组织147名副处级以上领导干部签订党风廉政建设责任书，对70人次拟提拔任用领导干部及发展预备党员进行廉政审核。开展防"四风"警示教育，组织收看《零容忍》、学习中央新修订八项规定精神的实施细则、通报7起发生在集团公司内部违反中央八项规定精神典型案例，元旦、春节和五一等重要节日及时发出警示并加强监督检查。抓好近年来巡察发现问题及部分尚未关闭事项的整改落实工作，推动巡察成果运用。全年受理问题线索2件，协查案件5个，发出函询通知书12份。

（王朝丽）

中国石油中亚俄罗斯公司

【概况】 2008年9月，集团公司在中油国际（哈萨克斯坦）公司的基础上组建成立中国石油天然气集团公司哈萨克斯坦公司。2017年6月30日，集团公司下发《中国石油天然气集团公司海外油气业务体制机制改革框架方案》，将中国石油天然气集团公司哈萨克斯坦公司改组为中油国际中亚公司，将阿姆河项目、乌兹别克斯坦项目、塔吉克斯坦项目、阿塞拜疆项目等纳入中油国际中亚公司管理范围。

2021年4月9日，集团公司下发《关于深化集团公司体制机制改革的意见》《集团公司总部组织体系优化调整实施方案》等系列文件，将中油国际中亚公司改组为中国石油中亚公司。2022年，集团公司下发《海外业务体制机制优化调整意见》《关于调整海外大区公司协调监督范围及设立国别代表处有关文件内容的通知》等系列文件，将中国石油中亚公司改设为中国石油中亚俄罗斯公司（简称中亚俄罗斯公司）；明确将中亚俄罗斯公司列入集团公司直属企业序列，机构层级类别为一级一类；明确海外大区公司是海外业务区域协调机构，代表集团公司党组、集团公司、股份公司，协调区域内企业组织建设工作，统筹协调区域内公共资源、公共关系、公共安全，统一处理对外事务，树立良好形象，共树一面旗帜，形成发展合力。对海外区域内单位实行矩阵式管理，履行属地协调、监督、服务职责。

中国石油中亚俄罗斯地区油气合作以1997年6月收购哈萨克斯坦阿克纠宾油气公司为起点，历经25年艰苦创业和奋力拼搏，高质量建成资源、供应、效益、品牌"四位一体"的油气核心合作区；形成集油气勘探开发、管道建设与运营、工程技术服务、炼油和销售于一体的完整上、中、下游业务链，建立一套符合当地法律法规和国际惯例的公司制法人治理结构及管控体系，获得良好的经济效益和社会效益，成为"一带一路"倡议的成功实践，受到中国及资源国领导人的高度评价，为保障国家能源安全发挥了骨干央企带头作用。

【发展战略】 2022年，中亚俄罗斯公司围绕集团公司海外业务体制机制优化调整方案，持续完善和诠释发展战略：按照新定位、新职能及时调整工作思路，以推动核心油气合作区高质量发展为中心目标，统筹域内党的建设和风险防控两项基本任务，突出做好"资源、供应、效益、品牌"四篇文章，统筹协调域内企业推进体制机制改革、党的建设、公共关系、风险防控、一体化运营 5 项重点工作。

【企业改革】 2022 年，中亚俄罗斯公司围绕集团公司海外业务体制机制优化调整后新职能新定位推动改革方案落实落地，切实把思想和行动统一到集团公司党组决策部署上来。组织上高度重视，由党工委常委会统筹负责贯彻落实集团公司优化调整方案，推进方案具体实施。精准履行新职能，理清集团公司总部直管、中油国际业务指导和海外大区属地监管"矩阵式"管理的职责，明确大区公司立足集团公司党组、集团公司、股份公司定位，履行属地协调、监管、服务职能。组织机构与干部优化配置到位，在集团公司党组与人力资源部的支持下，大区公司领导班子、内设机构与平台公司干部配备到位。完成管理体系、制度、流程重构与优化，完成业务流程梳理和规章制度制修订工作；组织制定下发《域内企业监督管理办法（试行）》，明确对域内企业的监管模式。推进依法合规治企和强化管理，召开全域企业管理工作会议，全面厘清大区公司与域内企业派出单位、国别公司（国别牵头单位）、项目公司的管理界面与工作职责，进一步明确大区公司对域内企业履行属地"协调、监督、服务"职能的基本原则与管理模式，在全域范围内进一步统一思想，凝聚共识，推动油气核心合作区战略认同。完成域内企业备案，34 家单位完成备案程序，建立"横向到国内一级企业、纵向到域内最小单元"的沟通联络体系，明确各单位第一负责人和固定联系人；建立定期沟通协调机制、突发事件应急机制和信息报送机制，促进域内单位资源共享、预警联动、经验交流。

【企业文化建设】 2022 年，中亚俄罗斯公司聚焦习近平新时代中国特色社会主义思想和党的二十大精神学习，坚持并发展完善"12345"工作思路；发挥把方向、管大局、保落实作用，加强领导班子建设和基层组织建设，确保集团公司决策部署有效落实。将党的二十大精神学习宣贯作为首要政治任务；以班子建设为重点，不断强化责任担当，充分发挥"领头雁"作用；以基层组织建设为根本，充分调动党员干部积极性，切实发挥好"主力军"作用；发挥靠前监督优势，加强队伍纪律和作风建设，推进廉洁企业建设。党建工作受到驻资源国使领馆高度认可，分别来函肯定地区党工委工作成绩。

【油气勘探】 2022 年，中亚俄罗斯公司勘探工作稳步推进，油气增储成果丰富。各勘探项目地震、钻井、试油试采、地质研究及储量评价等工作稳步推进。亚马尔项目侏罗系新增天然气地质储量 2461 亿立方米、凝析油地质储量 7532 万吨。PK 项目多口探井获高产油气流，全年完成新增油气探明可采权益储量当量 61.19 万吨。博格达项目完成地质踏勘、地质采样及系统分析工作，持续深化基础地质研究。

【油气开发生产】 2022年，中亚俄罗斯公司油气生产全面完成年度任务。开发生产平稳运行，重点工程有序推进。阿姆河项目提前完成B区西部气田产能建设。亚马尔项目天然气作业产量320亿立方米，超产25亿立方米；LNG产量首次超过2000万吨，达2095万吨。MMG项目突出老井稳产、措施增油和新井贡献三个重点，原油年产量再创历史新高。国际管道公司超额完成管输计划，稳步推进D线建设。PKOP炼厂经历"一月事件"和为期三个月的政府检查，科学组织保障了生产装置安全高负荷运行。

【新项目开发与石油合同延期】 2022年，中亚俄罗斯公司持续稳步推进可持续发展资源战略。参与资源国公开招标，加强同合作伙伴在新项目新区块、深层油气勘探、天然气及新能源等领域的合作。一批勘探项目获得延期，76号合同实现延期三年，土库曼复兴气田二期开发项目谈判取得阶段性成果，PK项目启动绿色能源发展，为区域油气合作可持续发展奠定资源基础。

【天然气保供】 2022年，中亚俄罗斯公司统筹协调全力完成冬季天然气保供任务。贯彻落实集团公司天然气保供工作部署，发挥靠前统筹协调职能，协调各气源方及相关单位，从气源保障、应急保障、舆情监控、支持保障4点协同发力，完成天然气保供任务。

【经营管理】 2022年，中亚俄罗斯公司域内投资业务16个项目实现净利润同比增长63.3%。其中10家油气生产项目合计油气产量当量同比增长1.36%；原油作业产量1565万吨；天然气作业产量542.07亿立方米。油气权益产量当量3066.66万吨；原油权益产量912.54万吨；天然气权益产量270.34亿立方米。炼厂加工原油620.58万吨，同比增长20.16%，创历史新高。原油管输量1975万吨，其中输往中国1126.2万吨；天然气管输量469.2亿立方米，其中输往中国432.1亿立方米。技术与支持服务业务共16家单位，实现新签合同额10.2亿美元，完成营业额16.2亿美元。

【一体化发展】 2022年，中亚俄罗斯公司统筹协调区域投资与技术服务业务，实现一体化发展。推动投资业务与技术服务业务协同发展，利用公共资源创造条件支持技术服务单位开拓外部市场。统筹协调支持服务业务发挥竞争优势，共举一面旗帜，做优区域市场。西部钻探内部市场签订245口井工作量，外部市场连获突破；长城钻探全年开钻13口、交井12口，进尺3.83万米；东方物探在土库曼斯坦与Dragon Oil公司签署里海950平方千米三维采集处理一体化地震勘探项目；川庆钻探在阿姆河项目全年高效完成钻井进尺29985米，同比提高39%；新疆油田、吐哈油田等技术服务单位发挥各自优势，共同打造中国石油品牌影响力。

【公共关系】 2022 年，中亚俄罗斯公司统筹协调域内公共资源，履行社会责任，做好舆情应对，加强对外宣传，推进品牌建设和国际传播，为域内企业运营发展提供良好合作氛围。

加强与资源国政府及合作伙伴沟通。通过高层互访、视频会谈、互致信函、线下会晤等形式，保持与资源国政府和合作伙伴高层良好沟通，重大问题及时交换意见。协调协助集团公司领导参加土库曼斯坦、哈萨克斯坦总统出席的重点工程竣工、外商投资理事会等重大外事活动。

保持与资源国使领馆密切沟通。向资源国使领馆报告企业生产经营情况及重大关键问题进展，主动接受使领馆工作指导，依靠中国政府力量，推动解决油气合作中的重大关键问题，保障与维护企业合法权益与员工生命安全。配合支持使馆接待国家领导人等重大外事活动，完成保障工作，受到使馆和高访团组高度认可和一致好评。

开展舆情监控、分析与应对。构建舆情监控体系，密切跟踪域内资源国政治情况、经济情况、社会情况，及时发布舆情信息，全年向集团公司、中油国际公司上报信息报告 66 期。分析资源国突发重大事件对中国石油业务影响，向集团公司报送一月事件、俄乌冲突等专题研究报告 28 期，为集团公司决策提供准确翔实的一手资料。做好舆情风险排查，掌握舆情隐患，开展危机公关，及时化解多项舆情风险。

【对外宣传与品牌建设】 2022 年，中亚俄罗斯公司以"中哈建交 30 周年""中哈油气合作 25 周年"为工作重点，宣传中国石油为资源国社会经济发展作出的贡献。组织在阿克纠宾开展中哈油气合作 25 周年庆典活动；通过各种媒体，全方位、多视角、多层次展现中亚油气合作成就与履行社会责任情况；与当地大学、"一带一路"专家俱乐部等多家单位共同举办国际学术会议，加深各界对中哈油气合作互利共赢理念的了解。哈萨克斯坦总统托卡耶夫在国家主席习近平访问哈萨克斯坦前专门致集团公司贺信，肯定中国石油取得的优秀业绩和对哈萨克斯坦经济发展做出的巨大贡献。

【社会责任】 2022 年，中亚俄罗斯公司遵守资源国法律，依法履行合同义务和社会责任，树立诚实守信、职业规范、遵纪守法的良好企业形象。适度参与公益赞助，讲好中国石油故事，维护好民心相通纽带，资助支持哈萨克斯坦乒乓球协会、哈萨克斯坦著名舞蹈艺术家诞辰 110 周年画册出版、地质家协会举办国际学术论坛及阿克纠宾州政府乒乓球中心建设等社会公益事业。

【安全环保】 2022 年，中亚俄罗斯公司继续保持良好 HSSE 业绩。以防范化解重大风险为主线,以隐患排查治理为抓手,推进落实安全生产十五条硬性措施。在社会安全风险加剧,新冠肺炎疫情反复冲击的情况下,实现"六个杜绝"。

统筹协调社会安全管理和应急管理。健全常态化社会安全机制。跟踪域内8个国家社会安全形势,与使领馆、当地政府、合作伙伴、兄弟单位保持密切联系,拓宽信息收集渠道,编制国别安全周报,制定并落实有针对性的风险防控措施。全面提升应急管理能力。一月事件爆发伊始,迅速启动应急机制,克服网络、通信中断限制,连续召开12次应急专项会议,对升级安保管理,靠实应急资源,管控衍生风险三个方面进行详细安排,有效应对了哈萨克斯坦全国性暴力骚乱事件,保障了企业财产安全和中方员工生命安全;针对俄乌冲突启动应急机制,对俄罗斯地区加强组织领导、提升预警能力、完善应急预案、升级应急管理等方面进行督导;与专业公司、合作伙伴密切协调,妥善处理所属17家单位涉及本地职工近2.5万人的涨薪事件;高度关注中亚天然气管道恐怖袭击预警信息,确保安全运营责任落实到位。

统筹协调域内安全生产工作。督导检查监督隐患排查治理。分别成立哈萨克斯坦、土库曼斯坦、乌兹别克斯坦、塔吉克斯坦、吉尔吉斯斯坦5国安全生产大检查工作组,对24个单位51个营地、场站、作业点等进行QHSE与社会安全工作检查,发现各类问题隐患、风险353项,完成整改349项,整改完成率98.9%。严抓特殊敏感时段升级管控。组织召开特殊敏感时段安全工作督导专题会议,对贯彻落实集团公司系列工作部署进行督导;有效处理一批涨薪罢工等社会安全事件,消除一批生产安全隐患,在国家主席习近平出访中亚、党的二十大前夕、资源国总统大选等特殊敏感时期,保障了生产经营安全平稳运行。

统筹协调健康管理和新冠肺炎疫情防控工作。完善监测、预警、防控、救治"四位一体"的健康管理体系。高度关注健康体检和心理评估工作,实现中方员工年度健康体检、评估率100%。持续补充药品,与国内医生建立远程会诊渠道,编制航空转运医疗方案,提升基础医疗和应急救治能力。慎终如始,完成新冠肺炎疫情防控工作。践行一体化防控理念,从组织建设、方案制定、督导巡查、跨境动迁等多方面实施区域一体化管理;分级分类、做实做细常态化新冠肺炎疫情防控,确保各项防控措施有效落实,三年新冠肺炎疫情防控保障公司全体人员顺利渡过难关。

【风险防控】 2022年,中亚俄罗斯公司统筹协调域内经营风险管控。高度重视汇率风险和资金安全,指导域内企业有效应对资源国货币贬值风险。坚持依法维权,通过使领馆照会、与政府高层交涉等途径,纠正资源国对中方企业与人员不当刑事调查与反垄断调查，坚决反击对中国石油企业利益侵蚀与人员威胁；历时1年半时间，成功解决争议金额68.8亿坚戈的CIK预提税争议。坚持修法避险，通过行业协会、外资投资团体等途径，推动矿产资源利用法、环保法等重大法律条款修订，向哈萨克斯坦政府倡议标准石油合同文本改进，28项建议中22项被采纳。组织30余家域内单位完成重大风险评估工作，确定13个风险为年度重大风险，确定了风险管理重要业务领域和关键环节。在维持现有管理架构及治理机制不变的前提下，妥善处理Petrosun股东变更事宜，维护了中国石油的主导管理权和根本利益。

（耿长波）

中国石油尼罗河公司

【概况】 2021年4月，集团公司海外大区业务体制机制改革，中油国际尼罗河公司更名为中国石油尼罗河公司（简称尼罗河公司）。2022年，尼罗河公司以习近平新时代中国特色社会主义思想为指导，学习党的二十大精神，全面贯彻落实集团公司工作会议精神和海外业务体制机制优化调整统一部署，坚持稳中求进的工作总基调，开展主题教育活动，推进提质增效专项行动，稳妥应对域内国家安全形势严峻、抗洪防疫压力持续、商务问题更加复杂等诸多挑战，落实"总部直管+专业化管理+区域性监管"的三位一体管理架构，努力开创了海外业务发展新格局。

2022年，南苏丹两个项目遭遇特大洪涝灾害，主力油田工作受阻，苏丹6区项目油田现场频发强行闯入、堵路封路、罢工阻工等安全事件。尼罗河公司协调各投资项目及工程服务单位妥善应对，确保人员安全、生产平稳，降低了洪灾对生产经营的影响。上游三个项目全年完成年初计划产量目标的94%。剔除洪水、罢工等不可抗力因素影响，完成年初计划产量目标的106%。下游投资项目平稳运行，喀土穆炼油项目协助苏方完成老厂抢修任务，及时消除设备隐患，克服了原油来量波动和中断困难。苏丹化工项目超额完成年度生产计划。

【经营管理】 2022年，尼罗河公司以持续提质增效为着力点，实现高质量发展新突破，开源增收成果突出。推进销售协议有效执行，原油升水继续保持较高水平，达尔油和尼罗油实现大幅增收。推动苏丹6区原油下海提油销售，增加现金收入。

降本增效成效显著。加大合同复议力度，最大限度控减费用。南苏丹两个项目利用合同延期和重新招标契机控减费用；苏丹6区项目在控减费用的同时，将苏丹镑支付比例增至80%。通过控减伞合同工作量，修旧利废、降低库存，优化化学药剂注入量等措施降低生产成本数百万美元。有效应对南苏丹政府大幅增加社区投入要求，递延减少投入、控减管理费用。

苏丹政府欠款较年初大幅降低，实现了欠款不新增的目标。石化贸易公司5月完成退出交割，为落实集团公司"退北转南"策略，取得实质性成果。

【QHSE管理】 2022年，尼罗河公司以全面把控风险为结合点，适应高质量发展新形势。在提升社会安全与应急管理方面，落实各项安保措施。密切跟踪域内国家安全形势，强化信息预警和研判，针对突发事件、游行示威和节日等敏感时期，发布安全提示和尼罗快讯30余次。督促各项目完成高风险及以上项目社会安全管理最低要求对标自查，跟进整改情况；强化苏丹宾馆安保驻守和巡逻，及时整改隐患。加强社会安全应急管理。组织域内单位完善社会安全突发事件专项应急预案，规划应急撤离路线，夯实应急物资，开展联合应急演练；不定期开展安全培训，全面提升员工应急处置能力。在加强健康安全管理和疫情防控措施方面，尼罗河公司加强承包商第三方员工健康评估，动态检测和强化健康闭环管理。组织各单位定期开展疾病防治及心理健康等内容的教育活动。按照集团公司要求，更新疫情防控方案，严格落实核酸检测、人员动迁防疫管控措施，域内各单位未发生聚集性疫情和因疫情导致死亡的病例。注重HSE综合协调监督，保障安全生产。全年杜绝了一般A级及以上生产安全亡人事故和井喷失控事故，组织各单位开展安全生产大检查及安全生产月活动。妥善应对南苏丹特大洪灾，充分发挥一体化优势，实现"三个确保"。按计划完成全年各单位QHSE绩效指标，实现"四零"目标和六个杜绝。推进环保治理。组织各单位按计划推进重点环保隐患治理工作，完成温室气体核算；协调推进苏丹3/7区苏丹港油污土处理、南苏丹两个项目联合环保审计、苏丹化工项目公司环境和社会影响调查等进展。抓好道路安全管理。发布《道路交通安全管理办法》，落实中方人员准驾制度。提高尼罗河公司风险管理水平，完善公司"三重一大"决策制度，全面收集信息，研判阻碍国际业务发展的重大问题和影响因素；组织域内各单位开展风险评估和管控分析，编写上报《区域2023年度重大风险评估报告》；组织域内单位开展脆弱性评估和动态风险评估。

【支持服务】 2022年是集团公司海外体制机制改革落地实施的一年，是海外大区公司成立，工作重心向公共资源、公共安全和公共关系工作转移的一年，也是集团公司海外业务优化调整后承上启下的一年。2022年，尼罗河公司以保障支持服务为关键点，把握高质量发展新定位。公共关系方面，强化外事外联。与中国驻在国使领馆建立工作汇报机制，联合推动重大商务问题进展；与资源国政府部门、国家石油公司保持联络，深化石油合作；与资源国安全部门、中国驻资源国机构和中资企业进行定期交流，协助处理两苏Heglig油田和Baleelah营地安保事件。尼罗河公司为驻在国使馆、集团和子集团了解和研判域内业务分布、战略规划、石油合作情况等提供支持和对策建议。包括《集团公司"一带一路"发展战略与重点资源国能源战略规划对接研究》《落实联合国斡旋苏丹各方结束政治危机的报告》《重点时期升级社会安全管理措施情况报告》《南北苏丹的医疗资源调研报告》《苏丹油气合作相关情况的复函》《南北地区业务相关情况研提意见》等。推动一体化协同发展。收集分析区域内油气投资、新能源发展、工程服务等单位市场情况，拓展信息采集的深度和广度，提高项目决策的前瞻性。针对阿尔及利亚油气市场资源多、潜力大的现状，定期组织域内各单位上报项目进展情况，为集团公司开展业务提供全面支持。尼罗河公司充分利用各种渠道，向工程技术服务单位提供商业信息，服务项目发展。联合长城钻探和东方物探组织技术交流会，提供商业合作信息，组织9次与中国石化集团国际石油勘探开发有限公司进行技术推介。通过工作交流，优势互补，帮助各单位拓展相关市场，达到充分交流和展示的效果。为平台公司及各项目商务问题提供法律支持。针对苏丹6区项目超提油事宜，协助完成稀油协议的起草，以及作业公司提前支付员工离职补偿提供法律分析意见等。就苏丹1/2/4区联合公司欠付政府140万美元套管费用、2023年工作计划等事项进行法律分析并起草信函；跟进苏丹3/7区联合公司工会仲裁案和码头油污土处理工作、苏丹2A/4区历史遗留问题、南苏丹2020版统一人力资源政策手册、南苏丹尼日利亚公司Oranto欠付东方物探尾款事宜等重大商务问题，给予法律咨询和指导；联合中方和外方律师，为域内商务法律纠纷提供服务和帮助。此外，尼罗河公司对中方签署的各类合同审核把关，提供条款修订法律意见。

【党建及企业文化建设】 2022年，尼罗河公司按照集团公司关于学习贯彻党的二十大精神各项部署，组织学习党的二十大精神及新党章，筹划"观看盛况，抒发感想""学习党章，勇担使命""领导带头，逐级宣讲""交流体会，撰写心得"和"边学边说，广泛发声"5项贯穿全程的特色活动，不断提高政治站位。同时，尼罗河公司坚持强化理论武装，全面加强政治建设。落实"第一议题"制度，组织8轮集中学习；深入开展"转观念、勇担当、强管理、创一流"主题教育活动，完成 23 场次宣讲；高质量完成"四史"学习民主生活会和组织生活会。强化"三基本"建设，加强基层党建基础工作，与域内新增加的 4 个国别党支部建立联系。尼罗河公司聚焦监督职责，加强党风廉政建设，坚决执行民主决策制度，班子成员自觉接受组织和群众监督，通过抓"关键少数"带动"绝大多数"。监督各级管理人员秉公用权、依法用权、廉洁用权。

【公益捐赠及社会责任】 2022 年，尼罗河公司通过各种平台进一步加强对外宣传，强化公共关系。贯彻落实国家主席习近平在中非合作论坛第八届部长级会议开幕式讲话精神，根据国家商务部、驻在国使馆要求，通过向中国在非企业社会责任联盟报送"百企千村"典型案例，传播集团公司和海外项目公司的公益捐赠项目实践，上报内容包括：中国石油援建朱巴 3 号平民保护所、南苏丹 3/7 区法鲁济友谊医院、与喀土穆大学孔子学院开展文化传播等典型案例。2022 年，尼罗河公司公共关系部与中央电视台非洲记者站建立工作联系，编写新闻稿件，推动采访宣传南苏丹留学生博尔，通过讲述博尔的故事，展示中国石油履行社会责任，资助当地青年留学并促使其在工作中快速成长和发展中南友谊的故事，2023 年 2 月，博尔的采访报道在中央电视台环球资讯广播中正式播出。

公益捐赠方面，加强捐赠项目运作和管理，当好形象大使，讲好中国故事，传递中国石油好声音，提高企业形象，创造良好的外部营商环境，最终实现互利共赢，共同发展，可持续发展。2022 年，尼罗河公司在苏丹、南苏丹地区开展 10 个公益项目，分别是：为乌玛党文化中心捐赠座椅项目、为在苏华人华侨捐赠加强针疫苗项目、为恩图曼中苏友谊女子高中捐建维修项目、为喀土穆炼厂子弟学校和苏丹科技大学捐赠电教室设备项目、为苏丹政府相关部门捐赠办公设施项目；向南苏丹琼莱州捐赠抗洪物资、为南苏丹 3/7 区法鲁济小学修缮校舍、为南苏丹 1/2/4 区油田社区捐赠饮用水罐项目。

尼罗河公司在苏丹的捐赠工作得到苏丹社区、当地政府、中国驻苏丹大使馆的赞扬和支持，苏丹国家电视台对喀土穆炼厂子弟学校、恩图曼中苏友谊女子高中捐赠项目给予电视报道，喀土穆第二大报纸"号召报"对尼罗河公司的捐赠项目进行整版宣传，中国驻苏丹大使馆在使馆网站上对尼罗河公司的捐赠项目也给予报道，时任中国驻苏丹特命全权大使马新民多次在对外公开场合和外事活动中对尼罗河公司的捐赠项目给予赞扬。

南苏丹琼莱州捐赠抗洪物资项目于 11 月 3 日在朱巴举行捐赠仪式，中国驻南苏丹大使马强、南苏丹外交部副部长达乌、南苏丹减灾委员会副主席、受赠县县长及中方南苏丹代表熊杰参加，捐赠活动在南苏丹国家电视台进行了报道，并在当地主流新闻媒体黎明报、公民报的头版，以及人民网、新华网、使馆网站及集团公司网站、南苏丹中国商会的脸书刊发，取得了良好宣传效果。

（白　鸥）

中国石油拉美公司

【概况】　中国石油拉美公司是中国石油在南美洲和中美洲地区海外区域协调机构，统筹协调区域内公共资源、公共关系、公共安全，统一处理对外事务，负责域内中国石油驻外单位的协调管理。拉美公司总部位于委内瑞拉首都加拉加斯。

拉美公司是集团公司开展海外油气合作历史最早、投资环境最复杂、合同模式最全面、一体化发展潜力最大的区域公司之一。1993年，在国家"走出去"方针和集团公司国际化战略指引下，拉美公司从秘鲁起步。1997年，集团公司成立委内瑞拉公司，先后获陆湖、苏马诺、MPE3和胡宁项目。2005年，成立厄瓜多尔公司，获T区、14区、15区、79/83区等项目经营权并接管亚马逊公司。2008年6月，集团公司批准成立中国石油南美公司，负责拉美地区投资业务及项目运营管理，肩负起建设集团公司海外重要非常规油气合作区和深海油气合作示范区等重任。2012年6月，成立中国石油拉美公司，将哥斯达黎加等中美洲业务纳入管理。2013年，集团公司相继购入秘鲁10/57/58区项目，12月成立中油国际（巴西）公司，先后签署里贝拉、佩罗巴、布兹奥斯、阿拉姆等项目，标志拉美公司进入"再创业"的新阶段，使拉美公司由最初的油田技术服务项目，发展成为油气产品种类丰富、作业环境复杂多样、合同模式类型齐全、合作形式多元的综合性区域公司，实现从小到大、从弱到强的跨越式发展。2017年7月，集团公司对海外业务进行体制机制调整，成立中油国际拉美公司，负责拉美地区投资业务。2021年4月，集团公司推进体制机制优化调整，成立中国石油拉美公司（简称拉美公司）。2022年，为进一步完善海外业务管理架构，推进海外业务高质量发展，集团公司将拉美公司调整为集团公司在南美洲和中美洲业务的区域协调机构，代表总部协调区域内企业组织建设工作，统筹协调区域内公共资源、公共关系、公共安全，统一处理对外事务，负责集团公司四大子集团业务和甲乙方业务在拉美域内的协调管理。

2022年底，拉美公司域内有18家集团公司所属单位，分布于11个国家，分别开展油气勘探开发、国际贸易、油田技术服务、工程建设、装备制造、科研和后勤保障等业务。其中油气勘探开发业务在委内瑞拉、厄瓜多尔、秘鲁、巴西等国家运营15个油气项目，油气资源类别包括超重油、重油、常规油、凝析油和天然气，生产地域涵盖热带雨林、深海及陆上等多种类型，为海外业务优质高效发展作出历史性贡献，贯彻落实集团公司"做特拉美"战略定位，承担起高质量建设海外重要非常规和深海油气高效开发特色合作区的重任。

【勘探开发】 2022年，拉美公司坚持资源战略不动摇，聚焦重点区块开展效益勘探，实现年度新增可采原油权益储量859万吨。巴西公司阿拉姆区块风险勘探效果显著，2022年初完钻的首口探井古拉绍-1井揭露盐下碳酸盐岩油层净厚度超80米，试油获高产油流，预测地质储量93.5亿桶，成为近十年全球十大原油勘探发现之一。巴西梅罗油田推动储量复算，实现储量升级，新增原油可采权益储量772万吨。安第斯公司增储效果突出，深化投产新井井区扩边增储研究，新增原油权益可采储量87万吨。

【油气开发生产】 2022年，拉美公司突出抓好复产稳产增产工作，高效执行"一项目一策"生产管理机制，推动陆上常规油老油田持续稳产、陆上超重油油田稳步复产和深海常规油油田快速建产上产。厄瓜多尔、秘鲁、巴西等公司均超计划完成年度生产任务，委内瑞拉 MPE3 公司克服美国制裁被动局面，原油产量创三年新高。拉美公司年度实现作业油气产量当量1071.7万吨，同比增长121万吨，实现权益油气产量当量620.4万吨，同比增长108.4万吨，取得百万吨级增长跨越。

【工程建设】 2022年，拉美公司紧扣关键节点，重点产能建设工程有序推进。巴西公司加快工作节奏，抓牢工程进度，推进 FPSO 建造。Buzios 5 生产单元 FPSO 于 10 月 5 日抵达巴西，Buzios 6/7/8 及里贝拉 Mero 2/3/4 6 个生产单元 FPSO 建造有序推进，Buzios 9/10/11 三个生产单元 FPSO 完成授标。秘鲁公司 58 区按照两种情景早期生产方案完成野外作业勘察测量、Urubamba A 钻井平台优化和初步设计更新、25000 方平台和营地建设所需河道石料采集、全部 FEED 研究，全力推进 58 区首气工作。

【经营管理】 2022年，拉美公司经营效益创"十三五"以来最好水平。投资业务实现权益净利润12.51亿美元，完成年度计划430%，在产项目均超额完成年度计划指标，其中巴西公司6.51亿美元、安第斯公司2.75亿美元、秘鲁公司2.01亿美元、MPE3公司1.24亿美元；实现权益自由现金流10.26亿美元，完成年度计划471%，其中安第斯公司4.15亿美元、秘鲁公司3.59亿美元、巴西公司2.68亿美元；实现中方权益现金分红3.52亿美元，完成年度计划324%，其中安第斯公司2.2亿美元、秘鲁公司1.32亿美元，均大幅超额完成年度分红任务。支持服务业务实现净利润1.22亿美元，完成年度计划126%，其中国际事业巴西公司和泛美公司、长城钻探古巴项目、东方物探厄瓜多尔项目、中油测井古巴作业区、川庆钻探厄瓜多尔分公司、中油技开厄瓜多尔分公司、渤海钻探秘鲁公司净利润完成情况较为突出。

【提质增效】 2022年，拉美公司投资业务多措并举实现降本增效4.5亿美元，连续3年超3亿美元。安第斯公司利用高油价契机回收历史结转服务费2.4亿美元。秘鲁公司57区加强天然气扩销推价增加权益收入2亿美元。巴西公司通过税收筹划和合同复议控减成本7964万美元。MPE3公司、苏马诺公司和秘鲁公司6/7区多措并举实现稳产增油，增加权益收入6356万美元。支持服务业务强化管理实现降本增效总额1049万美元。川庆钻探制定15个方面工作举措，实现分包成本支出占比下降2%，P油田新井单井综合成本较去年下降5%。东方物探、渤海钻探、长城钻探和中油测井通过科学组织生产、盘活闲置资产等措施，降本增效效果明显。亏损企业治理成效显著，域内各单位深入推进亏损企业治理，签订减亏责任状的8家投资业务单位均完成减亏任务，其中巴西公司、秘鲁房产公司、拉美有限公司、能源公司4家企业扭亏为盈。

【市场开发】 2022年，拉美公司支持服务业务实现新签合同额6.7亿美元，完成年度计划125%，同比增长37%。川庆钻探在厄瓜多尔创纪录新签约4.01亿美元，厄瓜多尔总统亲临现场主持首井投产仪式。长城钻探在古巴等五个国家新签钻机租赁、钻修井等服务合同1.54亿美元，成为秘鲁塔拉拉油区规模最大的技术服务公司。东方物探在域内三个国家新签合同4885万美元，其中在玻利维亚签订该国史上最大航空重磁油气成矿地质普查项目。昆仑数智新签订安第斯公司链路租赁合同。国际事业中标多个油品采购合同和石油产品销售合同。

【QHSE管理】 2022年，拉美大区成功实现疫情防控"两不"、社会安全"三保"、QHSE"四零"目标，为拉美公司高质量发展提供坚实安全保障。全年组织拉美地区疫情防控例会23期，实现超期在岗一年以上员工清零，在岗中方人员加强针接种100%。为在委内瑞拉投资业务全体中方员工购买了国际医疗救治及转运保险，为MPE3公司建立了诊所，指导域内投资业务顺利通过中油国际健康"四位一体"审核。创新建立了"大区统一领导、国别分类管理、项目分级负责"三级社会安全管理机制，开展安保"三防"建设、防恐培训、应急演练、社会安全审核等工作。MPE3公司在中油国际社会安全管理体系专项审核中获"优秀级"，秘鲁公司 10/57/58 区项目社会安全风险评估报告获"优秀级"。推进"安全生产专项整治三年行动巩固提升年"活动，开展"安全生产大检查"，确保集团公司"安全生产 15 条硬措施"落地。安第斯公司在中油国际 QHSE 全体系审核中，获"优秀级"；川庆钻探厄瓜多尔项目 CCDC37 和 CCDC25 钻机创造了 2940 天无损工作业纪录；长城钻探厄秘项目将岗位 HSE 责任清单履职情况纳入绩效考核，安全生产责任进一步压实。全面管控环境保护风险，安第斯公司环保审计工作取得历史性突破，获 4 个区块资源国环境审计报告批准函。秘鲁公司全年实施 495 处点位环境监测，获植被恢复计划等 7 项政府许可。川庆钻探在环境最为敏感的热带雨林 ITT 地区实现清洁生产。

【科技创新】 2022 年，拉美公司在成熟技术集成应用、新技术先导试验、新产品新技术应用方面取得显著实效。巴西公司阿拉姆项目集成创新盐下湖相碳酸盐岩勘探评价关键技术，优选部署和实施首口探井取得巨大成功。巴西里贝拉项目成功实施深水小井眼井 5 口，平均钻井作业时间减少至 71 天；首次完成湿式解脱工具入井安装试验，完井作业时间最低降至 27 天。安第斯公司实施重油试采先导试验和稳油控水技术应用研究，为"双高"老油田后续开发开辟新路径。拉美公司通过管理创新全面提升安全、质量、效率，为高质量发展提供有力保证。安第斯公司开展生产运营数字化集成体系建设，经营管理效率得到大幅提升；完成《央企国际化经营中联合技术创新和支持体系建设创新和实践》研究，获 2022 年度石油石化企业管理现代化创新成果一等奖。秘鲁公司聚焦精益化管理，完成《推进石油企业治理体系现代化和国际化的思考》，获 2022 年度石油石化企业管理现代化创新优秀论文一等奖。东方物探巴西项目部在 Eneva 二维项目推广 3 个优秀 QC 成果，累计创效 60 万元人民币。

【人才强企工程】 2022 年，拉美公司加强人才培养开发工作，组织各种形式的线上培训，引进 8 名毕业生到拉美进行岗位实践锻炼。加强评价发现工作，构建"赛马"机制，一批优秀人才崭露头角。加强选拔使用工作，加快领军人才、后备人才及年轻干部队伍建设，一批优秀干部被推荐提拔。加强流动配置工作，优化人力资源配置，高标准实施人才轮岗轮换，全年完成 8 人次轮换。加强激励保障工作，强化了中方派员管理，加大员工违规行为处理规定宣贯，员工队伍战斗力明显提高。

【体制机制优化调整】 2022 年，拉美大区探索构建了以拉美公司为中心枢纽、国别牵头单位为关键节点、本部职能部门为连接纽带、项目公司为主要支点的区域协调联动网络，为集团公司体制机制优化调整落地实施奠定了坚实基础。健全完善内部协商机制，建立了大区、国别与业务三个维度的会议制度；健全完善沟通协作机制，主动适应大区公司运行实际，通过定组织、定机制、定任务、定课题等方式，完成商务法律研究和支持指导委员会、工作组及国别小组组建工作，高水平完成美国对委内瑞拉制裁变化策略建议、商务业务发展规划等系列专题报告，整体工作质量效率持续提高；健全完善信息共享机制，推进信息共享、联合收集、综合分析，构建了上下贯通、高效及时、有机配合的区域信息共享机制；健全完善协同发展机制，围绕一体化统筹、国内外协调、产业链联动，加强制度、平台、体系建设；健全完善考核监督机制，实事求是探索研究拉美大区业绩考核体系，结合各路业务特点制定差异化考核指标；健全完善责任落实机制，通过现场调研和线上调研结合、综合调研与专项调研结合等方式，有效掌握域内企业生产运行和经营管理实际情况。

【企业文化建设】 2022 年，拉美公司全面践行习近平总书记关于"石油精神"的重要指示批示精神，推动石油精神再学习再教育、再实践再传播。统筹抓好内宣与外宣工作，利用国际论坛、展会展览、交流会等平台多方位展示拉美油气合作成果，文化软实力不断增强。安第斯公司连续 8 年以《跋涉》杂志为载体和推手，让企业经营与当地文化深度融合。秘鲁公司利用中国石油进入秘鲁 30 周年之际，加强外宣力度，参加 10 月 26—27 日在利马举行的国际天然气联盟理事会及专题讨论会，将中国石油在保护区内作业的合作理念展示给国际同行和公众，树立中国石油良好品牌形象。巴西公司 11 月承办了在巴西里约热内卢举行的"新时代中国的非凡十年"国际展览，宣传介绍了中国石油 30 年的海外创业历程和巴西油气合作 10 年来取得的成果。

【社会责任】 2022 年，拉美公司开展对委内瑞拉四个合资公司的捐赠和社会公益项目，为 MPE3 公司开展技能培训输入新技术力量，为陆湖公司和胡宁 4 公司提供应急抢险装备和防疫物资，为苏马诺公司所在社区提供道路维护和社区电动大门安装等工程，为当地抗击疫情、助力稳产和增进社区和谐发挥了作用，取得良好效果；安第斯公司继续做好油田南北两个医院的投入和运营，提供义务诊疗和医治服务，全年接诊患者 1 万人次；秘鲁公司继续按照年度公益规划，实施修建社区道路等重点项目；域内各支持服务单位，厄瓜多尔川庆钻探、东方物探秘鲁项目、长城钻探古巴项目等，量力而行，履行社会责任，在促进当地就业、人才培训、社区援助等方面回馈社会，彰显企业为民思想。

【企业党建工作】 2022 年，拉美公司聚焦"引领保障油气合作高质量发展"这一中心任务，着力打造上下贯通、横向联动，职责清晰、齐抓共管的"拉美党建协作区"，以高质量党建引领拉美大区高质量发展。深入学习习近平新时代中国特色社会主义思想及重要讲话，印发"第一议题"制度；围绕"怎么转、怎么干、找短板、促提升"制定拉美公司"转观念、勇担当、强管理、创一流"主题教育活动实施方案，推动"三基本"与"三基"工作有机融合；着力推动"一岗双责"有效落实，组织建设成果更加突出；持之以恒贯彻中央八项规定精神，坚决反对"四风"；严格落实"马上就办、担当尽责"要求，认真落实全面从严治党主体责任和监督责任，对"三重一大"执行情况进行重点检查。

（朱泽徐　毛源源）

中国石油西非公司

【概况】 2022年，中国石油西非公司（简称西非公司）认真学习贯彻党的二十大精神，坚决落实集团公司海外业务体制机制优化调整工作部署，围绕大区公司协调、监督、服务新的职能定位，攻坚克难，主动作为。域内各单位全体员工，统一思想、凝聚共识，勇挑重担、苦干实干，围绕全年目标任务，分析面临的形势与挑战，开展"转观念、勇担当、强管理、创一流"主题教育活动，推进依法合规治企和强化管理提升，全年各项生产经营指标线上运行，保持稳中求进、持续发展的良好势头，为实现全年各项生产经营目标奠定坚实基础。

2022年，新增原油可采储量1717万吨，完成年度计划的111%；实现油气作业产量752万吨，完成年度计划的122%；加工原油162万吨，完成年度计划的108%。实现净利润9.6亿美元、经济增加值8.8亿美元，分别完成挂靠布伦特65美元/桶油价下考核指标的235%和330%。

【建章立制】 2022年，西非公司按照集团公司海外业务体制机制优化调整推动各项工作。学习研究集团公司海外业务体制机制优化调整部署文件，理解消化改革调整精神。按照大区公司新的职责定位，组织编制西非公司财务、采办、商务与合规支持等6项公司制度，为下阶段落实职责做好制度保障。与集团公司各部门对接大区公司工作流程、制度清单等体系建设工作，与域内甲乙方单位沟通落实大区公司业绩考核相关工作。编制2023年投资计划和费用预算，落实独立运营资金保障。

【新冠肺炎疫情防控】 2022年，西非公司贯彻落实集团公司新冠肺炎疫情防控要求，在域内国家单位实施科学精准防控。推动域内各单位做好科学精准防控工作，形成西非公司新冠肺炎疫情防控"五道防线"成功经验。全年召开新冠肺炎疫情防控工作会27次，指导各单位优化调整新冠肺炎疫情防控措施，形成"一国一策"的防控格局。推动域内单位购置检测设备，域内16个国家的70家中国石油单位有核酸检测设备45台套，3500余名在岗员工疫苗接种率100%，防疫资源实现共享，为精准科学防疫提供坚实保障。开展新冠肺炎疫情防控工作巡检，升级管理督导两轮次，发现并整改问题171项，实现新冠肺炎疫情防控和生产经营"两不误"。

【医疗保障】 2022年，西非公司医疗保障体系建设稳步推进。组织编制《中国石油西非地区医疗保障方案》《中国石油西非地区恶性疟疾诊疗方案》《"测察诊记"健康管理实施方案》，指导各项目编制医疗保障方案和疟疾规范诊疗，推动玉门油田乍得公司"测察诊记"健康管理试点建设。在乍得恩贾梅纳基地建成中国石油海外首个"健心小屋"项目，多次组织集体脑电测试、心理学专家解读报告的活动，增强了海外员工心理健康管理的能力。

【安全运营】 2022年，西非公司域内企业生产运营保持安全平稳。组织域内各单位开展安全生产15条硬性措施落实工作，开展西非地区新冠肺炎疫情防控和HSSE升级管理专项督导，杜绝了域内安全生产、环境污染和生态破坏一般A级以上事件和因社会安全原因造成中方员工被绑架或致死事件。督导集团公司对西非域内17个国别80余家中国石油单位安全生产大检查发现的1054项问题整改落实工作。

【社会安全】 2022年，西非公司社会安全管理抓严抓实。累计向集团公司国际部报送乍得、尼日尔国家国别安全周报48期，密切跟踪掌握重点国别社会安全形势动态。参加尼日尔二期一体化建设项目社会安全管理周例会并指导工作，全力保障尼日尔二期项目"四防"措施无疏漏。组织2轮次专项巡检，对莫桑比克、尼日利亚、安哥拉等高风险国家项目社会安全管理工作进行监督检查，弥补安全管理漏洞。组织安排6期操作班防恐培训，域内单位445人参训，解决了因新冠肺炎疫情不能如期参训和复训的需求，提升了域内员工的防恐意识和社会安全形势应对能力。

【外事外联】 2022年，西非公司构建域内公共关系体系。梳理公共关系职责范围，起草域内公共关系指导意见，编制舆情突发事件专项应急预案。建立西非域内公共关系网，完成域内要情传达与报送。收集整理域内资源国社会、政治、经济等方面的信息，形成英文周报供域内各单位参阅。与乍得、尼日尔、贝宁等国保持密切沟通，把会见资源国政府官员，以及中国驻资源国大使的情况及时向集团公司国际部汇报。密切跟进域内公共事务，协调资源推动一系列难点问题解决。与乍得 ONAPE 经友好商谈，成功解决关于西非公司人员乍得劳务许可、合同、本地化等问题；协助处理尼日尔炼厂两名中方管理人员被尼日尔石油部部长通知限期离境的相关事宜；协调推动解决尼贝管道项目关于中油技开管材运输相关事宜；以西非公司名义发出向保护野生动物迁徙物种公约组织（CMS）针对尼日尔公司信函的应对回函。

【商务法律】 2022 年，西非公司协调做好重大商务法律支持。以西非公司名义发函中非央行，跟踪督促系统内所有乙方单位在中非央行外汇新规要求期限内全部实现在岸外汇账户开户，规避重大运营风险。应对西非公司 2020 年税务局审计风险，最终解决纠纷，避免西非公司利益受损。组织完成非洲商法协调组织（OHADA）法律制度编译和出版工作，为域内中国石油甲乙方单位提供法律支持。组织域内各单位开展 2023 年度风险评估工作，研究提出具体应对措施和方案。完成服务项目备案工作，及时和项目公司、投标单位和集团公司国际部沟通，避免了系统内单位同时竞标恶性竞争。

【理论学习】 2022 年，西非公司持续强化政治理论学习。抓好政治理论学习，把"第一议题"制度和中心组政治理论学习有机结合，完成"第一议题"相关学习内容 37 篇。推动"转观念、勇担当、高质量、创一流"主题教育活动，统筹开展西非公司总经理、班子成员主题宣讲活动，掀起浓厚的学习教育氛围。认真学习贯彻党的二十大精神，组织域内近 100 个基层组织 1955 人收看"党的二十大"开幕盛况，研究制定学习宣传贯彻工作方案，指导域内各单位更好地开展学习宣传贯彻。

【组织建设】 2022 年，西非公司开展组织建设。系统总结 2021 年组织建设工作 17 个方面工作成果，获海外大区公司 2021 年"四力"责任考核第一名。精心组织 2021 年度第一责任人抓基层述职评议考核工作，认真组织召开 2021 年度领导班子民主生活会，跟踪落实整改措施，把各项政治生活要求落到实处。严格按照党员发展程序，加强组织队伍建设，全年发展积极分子 9 人，预备党员 7 人，转正党员 8 人。以岗区队建设、创新创效、提质增效攻关为抓手，推动基层组织生产经营与党的建设紧密融合，基层组织的凝聚力和战斗力显著提升。

【组织人事】 2022 年，西非公司加强组织人事工作。发挥组织人事导向作用，驱动人才价值持续提升，为西非公司高质量发展提供人才保证。围绕人才强企、本地化、学习型组织建设等重点工作，相继组织完成 2021 年度西非公司领导班子和领导人员述职考评和全员绩效考核工作。在 2022 年 8 月集团公司公布的领导干部考核结果中，西非公司领导班子在集团公司 139 家考核单位中排名第七名，位列海外大区公司榜首。组织域内国内休假的二级正、副职领导干部全部完成习近平总书记重要指示批示精神专题辅导培训。加强年轻人才培养，在线组织完成西非公司首届13名新员工的岗位履职考评工作。

【新闻宣传】 2022年，西非公司加强新闻宣传工作。聚焦弘扬石油精神和提升中国石油良好形象和品牌价值，加强与主流媒体的沟通，讲好中国石油海外故事，传播中国石油好声音。以西非公司门户网站和西非油气公众号为平台，向国内主流媒体和资源国媒体投送稿件，在中央电视台、《人民日报》、新华网等央媒，网易新闻、今日头条等有影响力的媒体，以及《中国石油报》、铁人先锋等系统内主流媒体累计发稿30多篇，在资源国媒体发表稿件超过80篇，全年新闻发稿量超过150篇。参与集团公司第七届新媒体大赛、"回家"系列、"百国印迹"短视频大赛等活动，均有作品入围决赛。以两个跨文化融合项目为依托，乍得上游新机场投用、尼贝管道设立曙光奖学金、乍得上游项目为当地植树造林等公益新闻传播取得良好效果。

【企业文化】 2022年，西非公司加强企业文化建设。坚持以人为本，营造温馨氛围。协调组织域内单位开展"我为员工办实事"活动，西非公司领导班子通过多种方式调研，及时了解员工关切，解决员工实际问题。推动乍得上游、尼日尔上游、尼贝管道等项目成立兴趣活动小组，组织开展群众性文体活动，丰富员工业余文化生活。推广"中国书架"在域内单位落地，进一步推广传播中国文化，丰富中方、外方员工读书资源。做好困难职工家属的帮扶工作，第一时间向家属带去慰问和关怀，让职工感受到组织大家庭的温暖。

【社会责任】 2022年，西非公司和域内各企业坚持"做好、做巧、做久"原则，结合当地实际和民众诉求，做好社会公益，赢得当地民众广泛赞誉。西非公司公益事业主要围绕教育、医疗、和谐社区构建、赈灾救灾和促进就业等方面展开，通过在油田社区和管道沿线援建教室、捐赠学习用品，支持当地社区教育事业；通过援建诊所、捐赠药品、开展义务巡诊、免费医疗转运，改善当地社区医疗条件；通过打水井、修道路，解决社区居民吃水难、行路难等问题；通过捐赠食品、蚊帐等，帮助受灾民众应对自然灾害；通过帮助政府部门进行公共设施维护维修等，保持顺畅工作交流。2022年，各单位公益项目按计划顺利开展，部分已见到良好成效。尼贝管道项目社区关系一体化建设项目顺利实施，"铸才"技工培训项目和"曙光"奖学金项目在尼日尔、贝宁落地见效，经资源国媒体的报道，在资源国政府和民众中树立了中国石油良好品牌形象。

【纪检监察】 2022年，西非公司加强纪检监察工作。严格落实集团公司党组纪检组的工作部署，切实抓好政治监督，聚焦主责主业，强化监督执纪问责和作风建设，营造风清气正的政治生态。创新工作方式方法，首次将内部巡察与项目股权架构特点相结合，采取现场与远程相结合方式，克服新冠肺炎疫情困难，高效完成莫桑比克项目巡察工作任务，实现域内巡察全覆盖。组织域内项目开展"反围猎"专项教育活动，开展"违规吃喝专项治理"、违反中央八项规定精神的警示教育等活动，增强各级领导干部的政治定力和防腐拒变的思想自觉。

（胡立强　韩　朔）

中国石油亚太（香港）公司

【概况】　2022年3月，集团公司党组下发《中共中国石油天然气集团有限公司党组关于海外业务体制机制优化调整的意见》，决定成立中国石油亚太（香港）公司（简称亚太公司），列入海外大区公司序列，驻地设在香港。2022年5月23日，集团公司人力资源部下达亚太公司机构和编制通知。6月20日，集团公司下文任命蒋奇和魏方为亚太公司总经理和副总经理。9月14日，集团公司下文任命韩绍国和刘朝全为亚太公司副总经理。根据集团公司相关文件规定，亚太公司将代表集团公司党组、集团公司和股份公司对亚太域内海外项目行使协调、监督和服务职能，对区域内油气项目、工程服务项目等单位实行矩阵式管理。亚太公司协调管理范围为西太平洋和南亚地区，重点协调美国、加拿大、日本、蒙古、印度尼西亚、新加坡、缅甸、泰国、巴基斯坦、孟加拉国、澳大利亚、中国香港等国家（地区）的业务。

根据授权，亚太公司统筹协调区域内公共资源、公共关系、公共安全，统一处理对外事务，负责甲乙方协调管理。亚太公司在中国香港以中国石油天然气香港有限公司为工作平台，承担集团公司驻香港的窗口公司职责，负责组织驻港机构履行"言商言政"职责，协同发挥集团公司一体化整体优势，借助香港区位优势和优惠政策，合力建设集团公司投资资产运作中心、国际贸易结算中心、国际贸易航运管理中心和境外资金管理中心，推进香港业务协调发展。

亚太公司与股份公司香港代表处合署办公，以股份公司香港代表处名义负责股份公司投资者关系工作。亚太（香港）公司成立后不断探索发挥综合协调、管控补位和专业赋能的作用，推动集团公司海外业务体制机制优化调整重大部署落地。

截至2022年底，亚太公司有员工18人，含8名香港属地员工，设4个职能部门。

【区域协调】 2022年，亚太公司坚持合规精细管理，夯实协调服务监督职责基础。服务监督重点油气项目，督促落实集团公司重大部署。多维度了解和掌握域内项目发展需求，协调解决专属保险公司、印尼公司、国际事业（香港）公司实际困难和需求，支持解决项目遇到的困难。调研国际事业（香港）公司，落实中央人民政府驻香港特别行政区联络办公室（简称中央政府驻港联络办）不惜一切代价保证香港油气供应稳定的要求，支持推动海运业务前移。线上调研域内油气投资项目，以中国、印度尼西亚建立全面战略伙伴关系10周年为契机，扩大当地油气业务；支持指导泰国邦亚项目，落实集团公司稳产增效、环保、社会公益、下游油气市场拓展等举措；与澳大利亚公司、加拿大公司共同研究减亏举措，落实集团公司党组关于重点减亏项目的相关部署；对泰国项目现场调研，就协同发挥集团公司甲乙方一体化优势，深化与泰国全产业链合作，提升在泰国油气市场话语权，拓展与东盟国家油气合作等，出谋划策。建章立制，明确职责，坚持高质量合规管理。主要领导到集团公司相关部门和专业公司了解对亚太公司的管理要求和服务需求，掌握和澄清亚太公司基本职责和管理流程，组织制定域内项目管理办法。畅通理顺上传下达沟通渠道，建立与集团公司总部、子集团、中油国际公司和其他专业公司间文件传递通道。完善域内常态协调联络机制，明确项目日常业务联络人，整理70余家域内项目联络人信息。建立完善基本制度，完成印章管理、内网门户管理、保密管理等办法。设立风险防控、保密、QHSSE、采购、税收协调等专业委员会，提高决策效率，倡导民主氛围。推进中石油香港有限公司合规管理，完成优化方案，呈报集团公司，建议尽快完善治理和管理架构，建立实质性经营活动、加强与平台公司统筹协调，发挥集团公司和股份公司境外投融资平台作用。

【发展战略】 2022年，亚太公司为做好香港地区业务发展规划编制工作，召开中心组学习扩大会，传达集团公司党组贯彻落实习近平总书记视察香港重要讲话精神重要部署；邀请特区政府前规划署长凌嘉勤解读香港行政长官题为《为市民谋幸福，为香港谋发展》施政报告中有关北部都会区发展策略，寻找中国石油与香港经济社会发展契合点；与中央政府驻港联络办经济部领导交流、考察央企驻港机构和大学、与国际咨询公司等机构开展交流，对照香港所需和集团公司所长，围绕"四大中心"建设和履行"言政"职责，向集团公司相关部门提出建设"四个中心、两个平台"的业务发展建议。协调推动专属保险公司在香港设立子公司，重点推动坐实投资中心和航运中心。推进集团公司在香港投融资平台建设，向集团公司呈报方案建议将FK持有的中国石油及昆仑能源股票划转至平台公司旗下中国石油海外资产管理有限公司。

【商务工作】 2022年11月，亚太公司成立集团公司香港地区税收协调组，建立税收协调机制。召开中国石油香港地区税收协调组成立暨第一次驻港企业税务研讨会，邀请集团公司财务部、股份公司财务部及中油国际公司、大庆油田等12家在港企业55名财税专业人员参与，共同研讨FSIE和BEPS2.0政策法规对集团公司影响，并就香港地区税收政策、税收筹划以及税收难题等多项内容进行研讨。发挥集团公司整体优势，协同实现税收管理资源整合和信息共享。研究新政策应对方案，有效管控香港税收风险。加快推动部分驻港企业实质性运行，支持和协助中油国际香港投资平台的实体化运作；回应大庆油田、国际管道等单位希望亚太公司派人担任董事，实现实质性运行的诉求。完成香港地区FSIE税收风险评估报告。

依托集团公司资源，为域内项目提供专业智库服务。鉴于亚太区域项目分布广、项目国别经济发展水平及社会文化差异大等客观现实，利用集团公司资源，为域内项目提供发展智库服务。组织与经研院研讨交流，就亚太区域研究支持，共同开展亚太区域投资环境研究，达成重要共识。

【HSSE管理】 2022年，为了完整、准确、全面贯彻新发展理念和习近平总书记关于"疫情要防住，经济要稳住，发展要安全"重要指示精神，亚太公司在党的二十大召开期间，召开域内社会安全工作视频巡检会议，督导检查域内项目落实集团公司关于安全管理的系列工作部署情况。克服时差大，分两次与域内23个国家（地区）84个项目主要领导视频见面，157人参加会议。重点对巴基斯坦、缅甸、印度尼西亚、加拿大等国社会安全管理工作进行巡检，督促指导整改社会安全隐患。统筹做好域内项目新冠肺炎疫情常态化防控。下发《关于提示加强国际旅途全过程防护的通知》《关于特殊敏感时段做好社会安全及疫情防控等工作的提示》《关于做好亚太域内岁末年初国际业务社会安全等工作的提示》等，提示域内项目单位抓好特殊敏感时段社会安全及新冠肺炎疫情防控等工作。根据集团公司关于境外医疗保障体系建设要求，组织编制域内各国别医疗保障方案并完成备案。编制完成《中国石油亚太区域项目医疗统筹协调保障工作方案》。

【公共关系】 2022年，亚太公司成立后迅速打开公共关系局面，向域内60多家使领馆及重要合作伙伴送达集团公司董事长签发的授权信函，为扩大合作创造了机遇。拜会中央政府驻港联络办副主任尹宗华,协助集团公司落实复函中央政府驻港联络办,以集团公司党组名义感谢中共香港地区工委对驻港机构工作的关心、支持与肯定,并建议中共香港地区工委考虑将集团公司列为直接联系公司。拜会外交部驻港公署特派员,恳请驻港公署支持中国石油亚太区域油气业务,谋划与本地企业并船出海,参与"一带一路"项目。拜会中华人民共和国中央人民政府驻香港特别行政区维护国家安全公署署长,就保障能源安全,指导域内项目防范社会安全风险寻求支持。拜访中国驻泰国大使馆,对中泰、中国—东盟能源合作进行深入探讨。拜会股份公司独立董事梁爱诗、蔡金勇和蒋小明,以及昆仑能源独立董事刘晓峰和曾钰成,听取他们对做强做优做大香港地区业务,履行"言商言政"职责意见建议。参加工商界增强香港发展动能,参与共建"一带一路"座谈会,出席中企协暨中资企业慈善基金2022年周年会员、成员大会,中国石油天然气香港有限公司主要领导顺利当选第十七届执行会董。与在港中资中国石化、中国联通、中金公司和香港交易所等企业进行工作交流,参访北部都会区,谋求在港发展新机遇。

落实集团公司部署,助力香港社会抗疫。2022年,香港暴发第五轮新冠肺炎疫情,习近平总书记就支援香港抗疫做出"三个一切""两个确保"重要指示。亚太公司组织资源,确保航空煤油、加油站油品持续稳定供应,编制《2022年香港疫情期间天然气保供及应急保障方案》,压实天然气资源保供责任,每月度平均供气1.3亿立方米,助力香港社会抗疫。分两批次、八场次向"全港社区抗疫连线"、香港教育界、中央政府驻港联络办等捐赠65万只口罩、12万剂试剂盒等,集团公司获香港社会高度评价,中央政府驻港联络办对中国石油的义举表示衷心感谢。中国石油义工队响应号召,深入牛池湾乡村民家、劏房150户,挨门逐户派发防疫包;协助香港民政事务局包装防疫抗疫物资包,与其他21支中资义工队一起包装31800套检测剂;向550所中小学分发中国石油捐赠给香港教联会的防疫物资等。青年员工被香港义工联盟颁授"青年义工优秀奖",4名义工获香港中企协表彰。由于中国石油的突出贡献,获"领航'9+2'粤港澳大湾区杰出贡献企业"称号。

做好香港回归25周年庆祝系列活动。制定《"庆祝香港回归祖国25周年"系列活动方案》,梳理总结25年来在港业务发展成就,展示中国石油保障香港油气安全稳定,维护香港金融、贸易和航运中心地位的贡献。组织"扎根香港 结缘石油"征文和"同心同梦庆回归"摄影比赛,32名获奖员工通过文字分享个人扎根石油成长进步故事,通过摄影镜头反映香港经济社会等发展变化和企业成长变迁。开展"中国石油—清洁海岸"活动,地点特别选在与香港回归同龄的青马大桥附近的钓鱼湾海岸。在长约1千米的海岸线，捡拾45袋、近200公斤海洋垃圾，用实际行动保护香港海岸环境。参与中企关爱进小区，中国石油义工队到粉岭社区探访、关爱社区长者，共同庆回归，贺中秋，迎国庆。组织嘉奖优秀义工53人次，表彰他们在新冠肺炎疫情防控、社会公益、专项工作等活动中的突出表现，展现中国石油义工风貌。

【资本市场工作】 2022年，股份公司股价和估值持续提升，为股东创造了良好的回报，H股被重新纳入恒生中国企业指数（恒生国指），有效提振资本市场信心。

在这样的大环境下，香港代表处做好独立董事服务。落实独立董事的日常服务和沟通，就董事会及专门委员会相关议案与独立董事沟通，落实董事会及专门委员会相关文件议案的及时传递与签署。

坚持合规运作，做好股份公司信息披露。2022年，针对美国证券交易监督委员会就股份公司美国20-F年报的四轮质询、纽交所就股份公司20-F年报新闻发布、香港联交所就股份公司修改公司章程、派息、公司秘书更换和辽河储气库处置收益等多次问询，均做到监管信息渠道畅通、建议呈报及时有效、反馈回复准确清晰，并以"零差错"完成股份公司年报、中报、季报、ESG报告等定期报告，以及股东大会通知、三会决议、董事、监事和高级管理人员变动、分红派息、集团公司无偿划转等临时公告的对外公布，全年信息披露百余次。

做好业绩发布与路演。完成股份公司2022年4次业绩发布与路演工作，面对新冠肺炎疫情反复，股份公司香港代表处配合董监事会办公室做好业绩发布前境内外资本市场摸底和盈利预期引导；整理"董事长致辞""总裁致辞""业绩新闻稿""业绩发布PPT""资本市场关注问题口径""业绩宣传长图"；做好业绩发布后的媒体和市场监测，掌握市场反应动态；做好业绩发布后的资本市场宣讲与沟通，提高资本市场宣传效果。

加强与独立董事、股东、境内外监管机构、投资者、各券商分析师、财经媒体的有效沟通，科学应对和有效化解年初重大舆情事件，推进股份公司从纽交所退市，助力股份公司资本市场价值重估修复。加强业绩持续向好、推进绿色低碳转型案例宣传，推进ESG信息披露，有效提振资本市场信心。

股份公司获第十二届中国证券"金紫荆奖"之"最佳上市公司"；董事长戴厚良获"2022年度卓越企业家"，总裁黄永章获"最佳上市公司CEO"大奖。股份公司同时获《机构投资者》《亚洲企业管治》等重量级奖项，ESG信息披露获Wind评级AA级。

【企业文化建设】 2022年，亚太公司成立后秉持为员工办实事的初心，完成员工人事组织关系转接，员工利益得到切实保障。梳理岗位职责，编制《员工手册》，落实集团公司扁平化管理要求。在港工作的员工克服各种困难，坚持勤俭节约，在临时办公室和宿舍工作生活。滞留在京的员工，在集团公司相关部门支持下，统一集中到昆仑大厦工作，提高了工作效率。为了提高集团公司驻港机构的凝聚力和战斗力，亚太公司组织球队参加香港中国企业协会举办的中资机构羽毛球赛，成立石油铁人跑团香港分团，举行健康跑活动。

【企业党建工作】 2022年，亚太公司将深入学习宣传贯彻党的二十大精神作为首要政治任务，通过集中观看会议电视转播、听宣讲报告、中心组学习、个人自学和领导宣传等形式，学原文、悟原理、谈体会等，营造学习宣传贯彻党的二十大精神的浓厚氛围。

制定宣贯方案，确保党的二十大精神学习走深走实。全面准确落实集团公司党组《关于按照中央统一部署认真学习宣传贯彻党的二十大精神的通知》部署要求，成立学习宣传贯彻党的二十大精神领导小组及办公室，迅速制定学习宣传贯彻党的二十大精神重点任务推进表和实施方案，从组织领导、学习研讨、分级培训、广泛宣传、研究诠释、新闻宣传、提升效率、监督检查、信息报送9个方面提出31项具体任务措施，以亚太公司内网专题为主阵地，广泛开展宣传，结合本单位实际，深入抓好落实。

坚持领导带头，确保学习宣贯达到预期目标。亚太公司党委坚持每周组织中心组（扩大）学习，要求与会领导干部做好规定动作。公司主要领导带领班子成员与中层干部一道，先后5次就党的二十大会议决议、报告等内容，特别是国家能源安全、"一国两制"等章节，解读辅导，参会人员发言谈体会，学习氛围生动活泼。组织全员聆听董事长戴厚良宣讲党的二十大精神，参加中央宣讲团成员、中央党史和文献研究院院长曲青山专题辅导讲座。主要领导参加中共香港地区工委经济线委组织的宣贯党的二十大精神会议，带队参加聆听中央宣讲团成员、全国人大常委会法制工作委员会主任沈春耀的内部宣讲。

营造浓厚氛围，指导引领属地员工参加学习。亚太公司主要领导带头宣讲，围绕集团公司党组提出的"九个着力"和董事长戴厚良提出的"四个如何"，针对履行"言商言政"职责，打造境外"四大中心"等，提出工作举措。根据中共香港地区工委要求，主要领导亲自准备宣讲材料向属地员工宣讲党的二十大精神，属地员工思想广泛认同，一致认为宣讲有高度、有温度、有意义。主要领导在到泰国调研期间，向集团公司在泰国的6个项目进行两场次党的二十大精神专题宣讲。亚太公司内网门户11月上线运行，搭建"学习贯彻党的二十大精神"专栏，及时展示域内项目学习教育成果，运用"宝石花HK"公众号等载体，宣传党的二十大精神。鼓励属地员工大胆勇敢讲党的二十大精神，以"我们的这些年""我心中的二十大"为主题，录制短视频，谈学习党的二十大精神心得体会，谈新时代新变化。组织中国石油义工队参加党的二十大精神分享会。邀请外部独立董事就青年发展等课题献计献策。

（张　鹏）